KB062615

머리말

우리는 유태인에게서 배워할 점이 너무도 많다.

그것은 그들이 지니는 독특한 사고방식이 더할 수 없이 훌륭하고 나무랄 데가 없기 때문이다.

어떤 사람들은 셰익스피어 『베니스의 상인』에 나오는 샤일록처럼 유태인을 비방하기도 하나 그것은 자학적인 일이다.

그들의 두뇌를 따라갈 수 없는 자조적인 괴로움이 유태인을 비난하는 방향으로 유도해 나가지 않았을까?

미지의 세계를 마음껏 탐구하며 그들의 유일신인 여호와를 존경하는 마음은 그들을 성장시키며 모든 것을 풍요롭게 만든다.

우리는 그런 그들의 사고방식에 도전하지 않으면 안 된다.

유태가정에서는 자녀들에게 남보다 우수하게 되는 것 보다는 남과는 다르게 되라는 교훈을 가르친다.

평범함 속에서 자신과 용기를 잃지 않도록 격려하며 개성을 존중하고 그것을 최대한으로 길러주는 유태인의 두뇌에 우리는 도전하지 않을 수 없다.

그들은 한 뱃속에서 나온 쌍둥이라도 독자적인 인격으로 생각하며 절대로 같은 형태의 발전을 원하지 않는다.

유태민족의 탈무드적인 문화적 전통에 우리는 과감히 대처해 나가야 한다. 그것이 바로 도전이다.

이 탈무드 도전은 저자인 마빈 토케이어가 탈무드에 이은 철저한 분석으로 그들의 의식세계에 도전한 회심의 역작이다.

그는 유태인의 사상과 격언, 그리고 교육에 대한 자기의 의견을 피력하여 선풍을 일으키고 있는 것이다.

그들의 특이한 실력은 어디에서 나오는 것일까? 그들의 머리가 처음부터 뛰어났기 때문은 아니다.

전쟁과 평화를 되풀이하는 과정에서 민족적 유전의 차이가 생겨난 것도 아닐 것이다. 지금 우리는 탈무드 도전에서 온갖 지혜와 처세술을 배워야 한다.

제1장 역경에의 도전

아직 최후의 방법이 남았다 | 11
하루는 일몰부터 시작 한다 | 17
말이 하늘을 날지 못한다면 | 21
생은 인간을 강하게 만든다 | 23
생명은 빼앗겨도 신념은 변하지 않는다 | 28
비누 7개, 못 1개, 성냥 2천 개비 | 34
인생은 바이올린의 현과 같다 | 36
등불을 밝혀라 | 38

 제2장 균형감각

돈이나 성은 더러운 것이 아니다 | 41
유태교는 삶의 기쁨을 추구 한다 | 44
사해처럼 저장만 해서는...... | 45
사흘에 한 번 마시는 술은 금이다 | 47
시간은 생명 | 51
감정은 시간의 시련에 견뎌내지 못 한다 | 55
즐거움이 지나치면 생명을 잃는다 | 57
잡초도 녹도 도움이 된다 | 60
실패는 기념할 만한 것 | 63
타협의 조건 | 67

제3장 사랑이란

정열은 결혼만큼 오래 지속되지 않는다 | 73
여자는 남자를 지배해서는 안 된다 | 74
질투는 천 개의 눈을 가졌다 | 81
유태에도 중매인이 있다 | 84
조혼에는 함정도 있다 | 86

제4장 웃음과 기지

처음 모자를 눌러쓴 사람은? | 95
유머는 강력한 무기 | 96
세 개의 관문 | 102
유태인은 세련된 해학의 민족 | 106
자기의 집 뜰을 파도록 하라 | 110

제5장 어리석음

자만심은 우매와 통한다 | 115
어리석음에 대한 교훈 | 117
날개의 사용법을 모르는 새 | 120

말이 많으면 | 122
'기도'란 자신을 저울질 하는 것 | 125
말하기보다 듣기를 두 배로 하라 | 128
인생에는 정해진 레일이 없다 | 131
자신의 약함을 인정하라 | 136
인간은 허영이라는 바다에 사는 물고기다 | 140
겸허함을 자랑 말라 | 145

 제6장 유태인의 세계

박해 속에 지켜온 민족의 긍지 | 149
유태인에 대한 편견 | 156
우수 두뇌 배출의 비결 | 161
고난을 극복하는 의지 | 164

 제7장 우수 두뇌를 배출하는 교육

우수 두뇌는 조기 교육에서 | 171
배움의 즐거움을 체험 시킨다 | 177
미지의 세계를 마음껏 탐구 시킨다 | 182
잠자리에서 책을 읽어주는 엄마 | 188

개성을 길러준다 | 193
조기 외국어 교육 | 198
2세 교육은 신에 대한 의무다 | 204

 # 제8장 삶의 지혜를 가르치는 교육

지식보다 지혜를 | 213
물고기의 비유 | 217
친절은 현명한 처세 | 220
한 단계 올라서서 친구를 찾아라 | 226
겉보다 속을 튼튼하게 | 231
쓰는 것 보다 저축하는 즐거움을 | 237
매사에 균형을 잡아라 | 243

 # 제9장 민족의 정신을 심는 교육

민족정신의 계승 | 251
유태인은 유태인이다 | 255
박해를 잊지 말라. 그러나 용서하라 | 261
유태의 전통을 빛낸 사람들 | 266

제1장

-역경에의 도전-

아직 최후의 방법이 남았다

인간의 역사가 시작된 이래로, 우리는 질병이나 끊임없는 전쟁이나 자연의 폭발 등 커다란 위험에 직면해 가면서 살지 않으면 안 되었다.

그 중에는 우리 인간이 스스로 만들어낸 고난도 적지 않다.

그러나 나는 인간을 믿고 있다. 물질 속에 있는 에너지를 개발하는 능력을 갖춘 인간이 그 지식을 이용하여 아름다운 세계를 파괴하리라고는 도저히 생각되지 않기 때문이다.

그것은 우리들의 내부나 주위의 환경 가운데 있는 어떤 악과의 싸움이 이따금 실패로 끝난다는 것도 나는 매일처럼 보고 듣고 있다. 신문은 위로가 되기보다 오히려 폭력, 고통, 무관심과 무감각, 곤란에 빠진 세계의 모습을 보여주는 수가 많다.

나 개인의 주변 생활만 하더라도 이혼이나 죽음, 분노와 고통, 말다툼과 혼란, 그리고 사람과 사람사이의 단절을 보지 않는 날은 하루도 없다.

이러한 상황 속에서 나 자신도 어떻게 하면 좋을지 모르는 경우도 많다. 도대체 앞으로 어떻게 살아가야 할까를 생각하지 않을 수 없다.

그래도 깊은 감명을 주는 이야기를 듣게 되면 새로운 용기가 솟아나곤 한다.

어느 유명한 박물관에 눈에 잘 띄지 않는 벽면에 아주 색다른 그림 한 폭이 걸려 있다. 이 그림에는 '마지막 한 수'라는 제목이 붙어 있고 인간과 악마가 장기를 두고 있는 모습이 그려져 있다.

이 테마는 매우 기발한 착상으로써 인간이 지금까지 쌓아올린 지혜, 통찰력, 경험이나 전략을 동원하여 악의 축도이자 상징인 악마를 상대로 싸우고 있는 것을 의미하고 있다.

어느 편이 이길 것인가? 쌍방이 필사적으로 모든 능력을 다 짜 내고 있다. 무엇보다도 이 시합(즉, 우리들의 이 세상에서의 일)은 아주 중요한 승부인 것이다.

그러나 유감이지만 이 그림의 제목은 '마지막 한 수'로 되어 있어서 악마가 이길 것 같은 형세로 놓여 있다.

악이 이기고 인간은 이대로 나가면 분명히 지게 될 것만 같다. 인간도 전력을 다하고는 있지만 지금 인간측은 '마지막 한 수'에 걸려 있다.

이 박물관을 찾아온 어떤 사람이 장기 두는 그림과 그 의미에 깊이 감동을 하여 그의 눈동자는 캔버스에 딱 부착되어 버렸습니다.

'악마가 인간에게 마지막 한 수를 걸고 있다니, 이럴 수가 있단 말인가?'

뜻밖에도 이런 말이 그의 입으로부터 뛰어 나왔다. 점점 어두운 기분이 되어 그는 더욱 더 그 그림을 뚫어지게 바라보았다.

그때 그 사나이는 갑자기 뛰면서 미친 사람처럼 부르짖기 시작했다.

"거짓이다! 거짓이다!"

박물관은 조용히 그림을 감상하는 곳이므로 큰 소리를 내는 일은 허용되지 않았다. 그래서 그는 밖으로 끌려 나갔다.

그런데 그는 또 다시 그 장소로 되돌아가 그 그림 앞에 섰다.

또 다시 물끄러미 바라보다가 그의 감정이 점점 격해져서 또 다시 항의의 절규를 외쳤다. 그러자 또 전처럼 끌려 나갔다.

세 번째 들어가자 평상시의 분위기를 유지시키고자 특별

감시원이 붙어 다녔다.

이번에는 그의 둘레에 사람들이 웅성거렸다. 그는 또 소리를 질렀다.

"거짓이다! 거짓이다! 마지막 한 수가 아니야! 희망은 있다. 또 한 수가 남아 있다."

곁에 모여 있던 사람들도 장기판을 주목해 보고 있었다.

정말로 인간이 함정에 빠져 패배한 것처럼 보인다.

그러나 장기에 명수인 그는 이미 절망적으로 보이긴 했으나 아직도 완전한 패배 수는 아니고 사실은 아직 길이 남아 있는 사실을 발견했던 것이다.

인류에게는 한 수가 더 남아 있어 그 한 수로써 살아난다.

아직 희망이 있다. 거기에 어울렸던 사람들은 모두 그 의미를 깨닫게 되었던 것이다.

악마가 인간을 장기의 승부에 유혹하여, 지금 인간은 운명의 갈림길에 놓여있다.

그런데 최후의 한 수만은 언제나 남아 있다. 기사회생의 한수...... 인간에게는 아직도 희망이 있다!

곤란과 장애물에 주위를 둘러싸고 있는데도 어떻게 그 희망을 키워갈 수 있었을까 하고 물을지도 모르겠다.

그것을 알기 위해서는 장기의 작전을 생각해 볼 필요가 있을 것이다. 예를 들면 악과 싸우는 것도 좋지만 악의 상대편인 선을 강화시키는 노력을 한 데에 있을 것이다.

질병과 싸울 때의 가장 유효한 수단은 세균이나 독소를 죽이기에 앞서 적극적으로 자신의 신체를 강하게 만드는 것이 필요하다.

충분한 영양과 휴식을 취한 육체는 외부의 적에 대해 자동적으로 저항한다. 생명의 저울추는 언제나 희망의 사이를 왔다 갔다 하는데, 생명을 지키는 힘인 무게를 증대시킴으로써 저울추를 우리들에게는 유리한 방향으로 기울어지게 할 수가 있다.

절망과 싸우기보다 희망을 유지해 가는 편이 훨씬 유효한 것이다.

살기 위해서는 우리들은 용감하고 훌륭한 성질을 살려 나가지 않으면 안 되며, 자기 자신을 직시하기 위해서도 그와 같은 능력을 발휘해야 한다.

우리들의 최대의 적은 본능적인 욕망, 성질, 즉 고도의 행동을 방해하는 것과 같은 본능인 것이다.

공포, 소심, 무기력, 비겁 따위는 늘 우리들의 활동을 억제하려 하고 있다.

행복한 세계를 만들 때에는 희망도 일종의 행복이며, 더군다나 최대의 행복이라는 사실을 언제나 마음에 새겨 둘 필요가 있다.

내일, 즉 『명일』이란 '밝아오는 날'이라는 의미이다. 『명일』의 이미지에는 현자의 지혜와 시인의 환희가 느껴지지 않는가?

여기에서 또 하나의 소박한 비유를 들어보자.

세 마리의 개구리가 우유 통 속에 빠졌다.

첫 번째 개구리는, "모든 것이 하나님의 뜻에 달렸다."라고 말하고 발을 모아 붙인 채로 아무것도 하지 않았다.

두 번째 개구리는,

"이 통속에서 튀어 나간다는 것은 도저히 불가능하다. 더구나 우유도 깊어서 어떻게 할 수가 없다. 아무래도 수가 없다."고 말하고 아무것도 하지 않은 채로 빠져 죽어 버렸다. 세 번 째 개구리는 비관도 낙관도 하지 않고 현실을 잘 간파하여,

"이거 일이 잘못되었구나. 어쩌면 좋을지 모르겠다."

고 말하면서 뒷다리가 두 개 있으니 코를 우유 밖으로 내밀고 천천히 헤엄쳐 돌아다니면 될 거라고 생각했다.

그러던 중에 무엇인지 좀 딱딱한 것이 발에 닿았다. 아무튼 발을 붙이고 서 있을 수 있게 되었다.

버터가 만들어진 것이었다. 헤엄치며 우유를 휘젓는 동안에 버터가 만들어졌고 그래서 그 위에 서 있을 수 있게 되었

던 것이다.

그리하여 세 번째 개구리는 무사히 통 밖으로 나올 수 있게 되었다.

"여러분도 헤엄을 계속해 주십시오!"

『탈무드』는 말하고 있다.

"너무 오래 기다리고 있게 되면 그 만큼 실망도 크다."

"이 세상에서 가장 힘이 드는 일은 일이 없는 것이다."

하루는 일몰부터 시작 한다

보통 하루라고 하면 아침부터 밤까지 라고 생각할 것이다.

그러나 유태인에게 있어서는 그와는 반대로 되어 있다. 아마도 이와 같은 점이 유태인을 끈질기게 살아남게 한 비밀인지도 모르겠다.

유태인의 하루는 일몰부터 시작한다. 예를 들면 안식일인 '사바스'를 볼 것 같으면 금요일의 일몰부터 시작해서 토요일의 일몰까지로 끝난다.

이와 같은 하루의 시간에 관한 사고방식은 유태인에게만 있는 독특한 것이다.

『탈무드』에서는 랍비들이 어째서 하루가 일몰부터 시작되는가 하는 문제를 놓고 논쟁을 하고 있다. 그들의 결론은, 밝아지면서 시작하여 어두워져서 끝나느니 보다는 어두워져서 시작하여 밝은 데서 끝나는 쪽이 좋다고 한 것이다.

인생 역시 이와 꼭 같다고 하겠다. 이것은 유태인이 낙관적이라는 사실을 말해 주고 있다. 유태인은 매우 낙관적이어서 때가 되면 반드시 좋아지리라고 생각하고 있다. 물론 노력도 꾸준하다. 그러나 어떠한 역경에 처하더라도 체념하는 일은 하지 않는다.

항상 희망을 갖고 산다. 헤엄치기를 계속한 개구리의 이야기를 기억할 것을 말 하고 싶다.

희망은 미래를 자신의 것으로 만드는 계기가 된다. 인간이 지니고 있는 힘 가운데 희망이 가장 강한 것인지도 모르겠다.

희망이 있는 한 인간은 미래의 끄나풀을 잡고 있는 것이다.

희망은 미래라고 하는 냄비에 붙은 손잡이이다.

거기에서 손을 떼서는 안 된다. 죽음이 왜 그토록 두려운 것인가 하면 희망을 단절시켜 버리기 때문이다.

물론 유태인에게도 여러 가지 고민거리는 있다.

『탈무드』에는 「죽으면 벌레에게 먹히고 살아 있을 때에는 고뇌에 시달림을 당한다」고 말했다. 또 「열 가지 고뇌를 가지는 편이 오직 한 가지 고뇌에 시달리는 것보다 좋다」고 말한다.

오직 한 가지의 고뇌라고 말한다면 그것은 참으로 심각한 문제를 의미한다.

많은 고뇌를 갖고 있다고 한다면 하늘에 감사해야 할 것이다. 인간은 단 한 가지 고뇌 때문에 자살하는 수는 있어도 많은 고뇌 때문에 그렇게 하는 사람은 없다.

또 『탈무드』에는 「내일의 일을 염려하더라도 별 수가 없다. 오늘 지금부터 일어날 일도 알지 못하는데……」라는 말이 있다.

냉정하게 자신을 돌아다보면, 자신이 현재와 과거라는 요소만 성립되어 있는 것이 아니라 내일이라는 미래의 부분도 많이 개입되어 있다.

내일은 틀림없이 좋아질 것이라는 희망의 부분이 있는 것이다. 인간은 미래를 사는 동물이다.

인생에는 세 개의 문이 있다고 생각한다. 하나는 통하는 문이고 또 하나는 현재로 통하는 문이며 세 번째는 미래로 통하는 문이다.

이 세 개의 문 가운데 어느 것이든 닫아 버리는 일이 있어서는 안 된다. 그리고 어떤 문안에도 보물이 들어 있도록 생활을 꾸려나가는 것이 인생의 목적인 것이다.

업적을 남긴 노인은 어째서 존경을 받게 되는 것일까? 과거의 문 안에 보물이 들어 있기 때문이다.

한창 일할 나이인 청춘 남녀는 왜 아름답게 보이는 것일까? 현재의 문 안에 보물이 있기 때문이다.

어린이는 왜 사랑스러운 것일까? 미래를 상징하고 있기 때문이다.

유태인은 또 지기 싫어하는 호승지벽이 있어서 불굴의 정신을 지니고 있다.

잠깐 이 조크를 읽어 보라.

예를 들면 야곱이라는 사람이 친구인 아이자크로부터 돈을 빌려 썼는데, 마침내 갚을 돈이 없는 이야기이다. 야곱은 뭐라도 핑계를 붙일까 하고 궁리를 하며 뜬눈으로 밤을 세운다.

침대에서 일어나서 침대 주위를 마구 돌다가 또 의자에 앉아 생각에 잠긴다. 그때 아내인 레베카가 야곱에게 이렇게 말한다.

"바보군요. 당신은. 당신이 내일 돈을 갚지 못 하겠다고 말했다고 합시다. 그렇게 되면 걱정이 되어 잠을 못 자는 사람은 오히려 저쪽이지 않겠어요......."

그러자 야곱은 어떻게 했으리라 생각되는가? 물론 그는 잠을 편안하게 잤던 것이다.

햇볕이 나는 날이 있으면 흐린 날이 있다. 과거는 이제 어떻게 할 수도 없는 것이다.

신은 그 대신에 힘만 잃지 않는다면 인간이 자유로이 창조할 수 있는 미래를 부여해주는 것이다. 기운을 잃어서는 안 된다. 기운을 잃는 자는 지게 되는 것이다.

말(馬)이 하늘을 날지 못한다면

유태인은 언제나 낙관적이다. 그리고 늘 그렇게 살아 왔다. 이것은 오랜 동안에 걸친 수난의 역사를 갖고 살아왔기 때문인지도 모른다.

그들은 절망적인 날들의 연속가운데서도 반드시 언젠가는 좋아지리라는 신념을 가지고 살아 왔다. 그렇지 않았더라면 오늘날 유태인은 지구상에 한 사람도 남아 있지 않았을 것이다.

예를 들면 유태인은 유월절에는 언제나 모두가 '아니마민' 이라는 노래를 합창으로 부른다. 헤브라이어로 '나는 믿는다.' 는 뜻으로 심금을 올리는 아름다운 노래다.

이 노래는 아우쉬비츠 수용소 안에 있는 유태인들이 작사 작곡한 노래이다. 그들은 극한 상황에 처해 죽음으로부터 도망칠 수 없는 운명임에도 불구하고 "우리들은 구세주가 올 것을 믿고 있다. 그러나 구세주가 나타나는 것이 조금 늦어지고 있을 뿐이다." 라는 가사의 노래를 불러 스스로를 위로 했다.

용기와 희망은 자기 스스로가 버리지 않는 한 다른 사람이 빼앗을 수 없는 것이다.

구세주는 세계가 좋아질 것이라는 상징이다. '나는 믿는다.' '아직 믿고 있다.' 고 그들은 노래했다. 유태인의 옛날 동화 가운데 『하늘을 나는 말』이라는 이야기가 있다.

옛날에 어떤 사나이가 왕의 노여움을 사게 되어 사형을 선고 받았다. 사나이는 왕에게 목숨을 살려달라고 탄원을 하며 왕에게 이렇게 말했다.

"1년의 여유를 주신다면 왕께서 가장 아끼는 말에게 하늘을 나는 방법을 가르치겠습니다."

하고 말하면서 만약 1년이 지나서 말이 하늘을 날지 못한다면 그때 자신을 사향해도 좋다고 했다.

이 탄원을 왕이 받아들여 자기가 가장 사랑하는 말을 1년 후에 하늘을 날게 해준다면 그 죄수를 사형으로부터 면하게 하고 약속을 어길 시는 그때 사형이 집행될 것이라고 약속했다.

같은 죄수들이,

"설마 말이 어찌 하늘을 날 수가 있겠는가?"

하고 그를 질책하자, 그 사나이는 이렇게 대답했다.

"1년 이내에 국왕이 죽을지도 모른다. 1년 이내에 무슨 일이 일어날지 미래의 일을 누가 알겠는가? 1년만 있으면 말이 날 수 있게 되는지도 모르지 않는가……."

이 이야기는 인생은 다양한 가능성을 간직하고 있음을 말해주고 있다.

그러므로 어떠한 일이든지 체념해서는 안 된다는 교훈을 말해 주고 있는 것이다.

희망을 버려서는 안 된다. 그런데, 이것도 어디까지나 노력을 하면서 희망을 가지라는 말이다.

「희망만을 기대하고 아무 일도 하지 않으면 아무 것도 이룰 수 없다」

「희망이라고 하는 녀석은 거짓말을 한다」라는 말도 있다.

생은 인간을 강하게 만든다

유태인이 역경에 처해서도 강인한 적응력을 갖고 있는 것은 역시 유태의 긴 역사로부터 연유된 것이다.

유태인은 성서의 시대로부터 박해를 받아 왔다. 그렇지만 유태인임을 망각하거나 포기하려 하지 않았다.

오늘날 이스라엘에 가면 피부가 검은 유태인에 이르기까지 다양하다.

즉 남예멘으로부터 온 유태인은 피부의 빛깔에서부터 생활 습관에 이르기까지 크게 다르다.

유태인이란 유태교를 믿는 자를 말하는 것이다.

그런데 중세 때를 본다면 유태인이 박해를 받고, 집이 불태워지고, 또 무차별로 죽임을 당할 때에도 유태교를 버리기만 한다면 박해는 중지되었다.

예를 들면 미 대륙을 발견한 콜럼버스가 유태인이라는 사실이 이따금 이야기되어지고 있다.

학자 가운데는 콜럼버스가 유태인이었다고 믿는 자도 적지 않지만 유태교를 버리고 그리스도교도가 된 자이다.

유태인은 자신들의 역사를 중요하게 여긴다.

유태인의 역사는 모든 유태에게 있어서 스스로 체험한 것이나 마찬가지다.

유태인이 이렇게 박해를 받으며 살아 왔나 하는 비참한 이야기는 너무나도 많다.

나치가 동유럽을 점령했을 때 어떤 한 집안 얘기를 해 보자.

많은 유태인이 그러했듯이 어떤 작은 마을에서 유태인 일가가 창고의 지붕 속에 숨어 있었다.

나치는 한 사람이라도 유태인을 놓치지 않고 잡아내기 위하여 눈을 부릅뜨고 있었다.

그 다섯 사람은 양친과 열 살 난 딸 레이첼과 여덟 살짜리 아들 조슈아와 삼촌 야곱이었는데, 이들은 이웃 주민들의 도움에 의해서 음식물을 제공받고 있었다.

이 이야기는 유럽에서 들은 것인데 『안네의 일기』의 주인공 안네는 이 이야기와 같은 무렵에 네덜란드의 암스테르담에서 역시 지붕 밑 다락방에서 가족과 함께 숨어 있었다. 이 이야기는 최후에 단 한사람 살아남은 조슈아가 말한 것이다.

식구들은 소리를 낼래야 낼 수가 없었다.

거기에서 손짓이나 몸짓으로 얘기하는 것을 익혔다.

나치의 순찰대가 가택수색을 올 때마다, 혹은 호의를 품고 있지 않는 마을 사람들이 왔을 때에는 소리를 일체 내지 않은 채, 소리도 죽이고 있지 않으면 안 되었다.

양친과 삼촌은 물이나 먹을 것을 구하기 위해 가끔 밖에 나오지 않으면 안 되었다.

그러한 때에는 누군가 한 사람이 살짝 빠져 나갔다가 창고 가까이서 발소리가 나면 양친은 레이첼과 죠슈아의 입을 손으로 막아야만 했다.

아이들이 공포감으로 소리를 내게 되는 때도 있기 때문이었다.

숨어 산지 3개월 째 되는 어느 날 어머니가 밖에 나가더니 영 돌아오지 않았다.

호의를 갖고 있는 마을 사람들로부터 어머니가 독일 군인들에게 잡혔다는 사실을 알았다.

그리고 또 2개월이 지난 날 부친이 나가서는 돌아오질 않았다.

그리하여 삼촌인 야곱이 두 사람의 입을 손으로 막게 되었다.

반년 후에는 삼촌이 나가자 곧 총성소리가 들렸다.

삼촌은 사살당한 것이었다.

그 후로부터 필요한 때에 먹을 것이나 물을 가져 오는 것은 누나의 일이 되었다. 창고 가까이서 무슨 소리가 나면 이번에는 누나가 죠슈아의 입을 막았다.

그러나 이것도 오래 가지는 않은 사이에 이번에는 또 누나가 돌아오지 않았다.

그 후 무슨 소리가 가까이서 들리면 죠슈아는 자신의 손으로 입을 막았다.

유태인이 오늘날까지 살아남아 온 것은 결코 절망하는 일이 없었기 때문이다.

유태인들은 무지개가 희망의 상징이라고 생각해 왔다.

이것은 폭풍우 뒤에는 반드시 아름다운 무지개가 하늘에 걸리기 때문이다.

그러므로 유태인은 항상 무지개가 뜰 것을 믿고서 살아 왔다.

유태인이 좌절하지 않은 것은 뭐라고 하던 긴 역사를 통하여 박해만을 당해 온 민족은 아니었기 때문이다.

그러나 아무리 박해를 받고 짓밟힘을 당하더라도 반드시 생존해 남는다는 사실을 믿고 있었다.

그리하여 역경에 견딜 수 있게 된 것이다.

동양인을 보고 있노라면 뭔가 사소한 일이 있어도 곧 좌절해 버린다.

입학시험에 실패했다고 하여 꽃다운 젊은 목숨을 끊은 자도 있다.

또는 좌천이 되었다고 해서 자신의 장래에 대한 노력을 포기하고 체념해 버리는 자도 있다.

그러나 유태인에게 있어서는 이 정도의 역경이라는 것은 역경이라 부를만한 가치도 없다.

『탈무드』에는 이와 같은 수수께끼가 쓰여 져 있다.

「인간의 눈은 흰 부분과 검은 부분으로 이루어져 있다.

그런데 어찌하여 신은 검은 부분을 통해서만 물체를 보도록 만들었던 것일까?」

그리고 이어서 다음과 같은 대담이 기록되어 있다.

「인생은 어두운 사실을 통해서 밝은 것을 볼 수가 있기 때문이다」

어떠한 역경에도 굴하지 않는 용기라는 역경을 직접 체험해 본 자가 아니면 알지 못할지 모른다.

그러나 스스로 체험하지 않고서도 역사상에서 선인들이 체험한 것을 자신의 것으로 삼을 수가 있는 것이다.

여러분도 유태인 역사의 일부를 자신의 것으로 삼을 수가 있다.

생명은 빼앗겨도 신념은 변하지 않는다

신념은 중요한 것이다.

동유럽의 어느 유태인 거리에서 제2차 세계대전 중에 일어났던 이 이야기는 언제 생각을 해 보아도 나를 감동케 하는 유쾌한 사전이다.

이 동유럽의 나라는 나치에 의해 점령되어 있었다.

어느 날 읍내의 주민들이 광장에 모여 들었고 나치의 장교에 의해서 유태인이 줄지어 선 행렬로부터 중년의 학교 교사가 끌려 나왔다.

나치의 장교는 이 학교 교사가 유태교를 버린다면 다른 유태인들도 거기에 따를 것으로 생각했던 것이다.

"유태교를 버리십시오. 그렇게 하면 평생 먹고 사는 일도, 또 생활에도 곤란을 느끼지 않도록 도와주겠소." 라고 그 장교는 소리쳤다.

"안 됩니다." 하고 야윈 학교 교사는 분명히 대답했다.

"너의 신 따위는 저주해 버려. 너의 신을 저주하면 너의 생명도 가족도 보장해 줄테니......."

"못합니다." 교사는 차분하면서 똑똑한 목소리로 말했다.

"유태교의 신을 버려라. 그렇게 하면 우리들이 너를 지켜주겠다."

"그건 절대로 안 됩니다." 라고 또 교사는 보다 차분한 목소리로 대답했다.

"절대로 안 된다고? 도대체 너는 자신이 지금 무슨 짓을 하고 있는가를 알고 있는가? 만약 이대로 끝까지 버티어 간다면 본보기로 죽여 버릴 거야. 그래도 내 말대로 하지 않을 텐가?"

광장에 모여 있던 유태인들은 침이 말라 붙었다.

어떤 사람의 시선은 장교에게 못 박은 듯이 굳어 있었으며 어떤 사람은 그 교사에게로 쏠리고 있었다.

여자들 가운데는 공포가 지나친 나머지 눈을 감고 있는 사람도 있었다.

"유태의 신이 너의 생명보다 중요한가? 자신보다도 더 중요하단 말인가? 네 자신에게 잘 물어보시지? 바보 같으니라고……."

"당신은 나의 신념을 바꿀 수는 없습니다."

"신을 버리겠다는 한 마디만 하면 된다."

"못합니다." 하고 교사는 창백한 얼굴로 말했다. 장교는 권총을 뽑아 들더니 오른팔을 들어 교사를 향해 방아쇠를 당겼다.

총소리가 울려 퍼지자 총알은 교사의 어깨에 맞았다.

이 순간 교사는 허우적거리며 쓰러졌다. 교사는 피를 흘리며 괴로워하면서,

"하시엠 후 할로킴, 이드시엠, 후 할로킴(신은 어디까지나 신, 신만이 신이다)." 라고 나지막하게 부르짖는 소리가 들렸다.

"이 더러운 돼지새끼, 이 더러운 유태 놈 같으니……." 하고 장교가 소리쳤다.

"우리는 너의 신보다 강하다는 걸 모르는가? 너의 생명은 신이 결정하는 것이 아니라 내가 결정하는 것이다. 네가 유태교를 버리겠다고 한 마디만 하면 병원으로 보내주겠다.

그리고 너의 상처를 치료해 줄 테고 너의 가족과 행복하게 살 수가 있을 것이다."

라고 장교는 말했다.

"안 됩니다." 교사는 괴로워하면서 말했다.

장교는 얼마 동안 기가 막힌 듯이 서 있었다. 순간 장교의

얼굴에 공포의 빛이 스쳐갔다. 그리고 또 장교는 권총을 아내 쪽으로 돌리더니 한 방을 더 쏘았다. 두 발, 세 발, 네 발 째의 총소리가 울리는 가운데서 교사가,

"안 됩니다. 안됩니다......"

하고 중얼거리는 것을 모든 사람이 들었다. 이렇게 하여 교사는 죽어갔다.

이 이야기는 뒷줄에 서 있던 교사의 아들이 그 광경을 목격하고 이야기한 것이라고 한다. 그리고 이 아들은 아버지가 무신론자이며, 신을 믿지 않고 있었다고 하는 사실을 덧붙였다.

뭐니 뭐니 해도 인간의 핵이 되는 것은 신념이다. 신념을 갖고 있지 않은 인간은 설득력이 없다. 인간이 타인을 믿는 진정한 근거가 되는 것은, 그 사람이 자신을 갖고 있느냐 없느냐 하는 것이다. 그리고 자신은 신념의 근원이다.

사람이 당신을 신뢰할 때에 도대체 그 사람은 무엇에 의존하려 할 것인가.

그것은 두말할 나위도 없이 당신의 자신(신념)이다. 자신의 핵에 해당하는 신념이며, 설사 생명과 바꾸는 한이 있더라도 지켜져야만 한다. 긍지를 갖는다는 것이 중요한 것이다.

그러나 긍지는 신념이 없는 자에게는 가짜가 되어 버린다.

저 "아드시엠 후 할로키므 아드시엠 후 할로킴"이라는 말은 오랜 동안의 역사를 통해서 유태인의 순교자들이 외쳐온

말인 것이다.

신념은 긍지라고 표현해도 좋다. 흔히 우리는 영어에서 유래한 외래어를 사용하여 "저 사람은 프라이드가 높다."고 말한다. 이렇게 말할 때에는 약간의 사소한 일이 있어도 긍지에 상처를 입는다고 생각해 분노를 겉으로 나타내는 사람을 가리켜 말하는 경우가 많다.

그러나 긍지와 허세와는 그 질이 다르다. 다른 사람으로부터 상처를 입었다고 생각하여 곧 화를 내 보이는 자는 사실은 긍지가 높다고 말할 수 없으며 자존심이 높다고는 할 수 있겠다.

그러한 사람들은 타인에 의한 평가에 따라 자극을 받으면 곧 흥분하게 된다. 그들은 타인의 평가에 따라 자신의 무게를 가늠하고 있기 때문이다.

그러므로 사람들의 눈빛을 들여다보며 살아가게 된다.

참다운 긍지란 자신에 대해 화내는 일이다. 타인에 대해 자신을 화내는 것은 참된 의미에서의 긍지가 될 수 없다.

내가 동양에서 살고 있는 동안에 한 가지 마음에 걸렸던 것은 '명예'라는 말이 사회적으로 높은 평가를 받고 있다는 편중된 의미로 사용되고 있다는 사실이다.

영어에서 honour 즉 '명예'라고 하면 자신에 대한 명예를 의미하는 말이다. 명예를 갖고 있는가? 그렇지 않은가? 하는 것은, 최종적으로 자신에 대한 문제이지 주위와는 관계가 없는 일이다. 긍지도 명예도 개인의 내적인 문제인 것이다.

이와 같이 참으로 긍지가 높고, 명예를 중요시하는 사람은 다른 사람들로부터 신뢰를 받는 사람을 말한다.

대중에게는 용기와 개성이 없으며 흥분할 뿐이다. 그러므로 오합지졸이라 한다. 용기라든가 신념, 긍지는 개인의 인격에서 발생하는 것이다.

동양인은 대체로 조직적이기 때문에 집단인 신조나 긍지를 지니고 있다고 생각하고 있을지 모르지만 조직을 벗어나 혼자가 되어 버리면 자기가 얼마나 약한 존재인가를 느끼게 될 것이다.

이처럼 용기까지도 집단에 소속되어 있는 것처럼 생각하는 것이다.

그리하여 무언가 사정이 있어 회사를 그만 두거나, 정년이 되어 오랫동안 일해 오던 회사를 떠나면 힘이 없어져 버린다. 껍질을 벗어 던진 달팽이 같은 인간이 되어 버리는 것이다.

그러나 이러한 사람들은 조직 속에 소속되어 있던 무렵부터 인간 부재였던 것이다.

그러므로 집단이라는 보호막 속에서 용기나 긍지를 차용하고 있었던 것에 불과하다.

결국은 아름다움이란 무엇이 아름다운지를 스스로 결정하는 수밖에 없는 것이다. 긍지나 명예는 자신에게 물어보아야 하는 것이지 다른 사람의 관심으로 측정할 수 있는 것이 아니다.

비누 7개, 못 1개, 성냥 2천 개비

　인간은 무엇에 의해서 인간답게 되는 것인가? 물론 우리들 인간은 개구리보다는 원숭이를 닮고 있다.

　그리고 인간은 동물로부터 진화한 것이라고 배우고 있다.

　인간은 동물이며 항상 동물로써 계속될 것이다.

　그러나 이것으로써 인간의 모든 것을 설명하기란 어렵지 않을까?

　그러므로 또 한 차례 독자와 함께 도대체 인간이란 무엇일까 하는 것을 생각해 보고 싶다. 때로는 이러한 일을 생각해 보는 것도 도움이 될 것이다.

　의학적으로 보면 인간은 머리, 몸통, 사지 등의 부분으로 나뉘어져 있다.

　그렇지만 이러한 견해도 인간을 설명하는 데에 충분치는 않다.

　이것으로써는 동물과 전혀 다름이 없다. 또 한편으로는 인간은 신의 모습을 닮게 만들어졌다는 사고방식이다.

그럼 몇 가지 예를 들어 보기로 하자. 『대영백과 사전』에는 인간을 이렇게 정의하고 있다.

「인간은 가능한 한 안락을 추구하며, 가능한 한 노력을 덜고자 하는 동물이다」

이것도 일면의 진리를 말하고 있는지도 모른다. 그러나 인간이란 꼭 그것만의 존재는 아닐 것이다. 나치가 대두하기 전 독일에서는 다음과 같은 말들이 있었다.

이 이상 인간을 '물체'로만 생각한 몰 인간적인 발상은 없을 것이다.

「인간의 육체는 비누7개를 만드는데 충분한 지방질을 갖고 있다. 또 1개의 못을 만들만큼의 철분을 지니고 있다. 또 인간의 육체에는 2천 개비의 성냥을 만들 만큼의 인이 포함 되어 있으며 또 전신의 털이 있는 부분에 바르면 이를 퇴치할 수 있는 양의 유황을 갖고 있다……」

나치는 유태인을 강제 수용소에 감금해 놓고 대량으로 살육해서는 인체로부터 나오는 물질을 이용해 실제로 비누와 성냥을 만들었다.

이와 같이 인간에 대해서는 여러 가지 설명이 가능하다.

의학적인 것이나 혹은 인간의 행동양식을 척도로 하여 설명할 수도 있다.

그러나 이것으로서는 인간의 존엄성을 설명할 수 없다. 과학에 의해서 인간의 가치를 측정한다는 것은 불가능하다는 것이다.

인간은 동물과 비슷하게 생겼지만, 그렇다고 꼭 같지도 않다. 성경에 의하면 지상에서 신을 닮고 있는 유일한 생물이다.

그렇기 때문에 자신을 물질적인 척도만으로 측정할 수가 없는 것처럼, 세계를 물질적인 척도만으로 측정할 수는 없는 노릇이다.

인생은 바이올린의 현과 같다

남에게 신세 진 일을 잊어버리는 인간은 최저의 인격을 지니 인간이다.

지금까지의 당신의 인생을 한 번 돌이켜 보자. 이제까지 누구로부턴가 도움을 받는 일은 없었던가? 부모들이 당신을 도와주지 않았을까?

부모는 당신이 어릴 때부터 불면 날아갈까 쥐면 꺼질까 생각하며 길러 왔다.

교사로부터는 도움을 받은 일이 없었는가? 교사가 당신을 바라보며 당신이 날로 향상하는 것을 돕지 않았을까? 당신은 고용주에 의해 도움을 받은 일은 없었는가?

당신이 갖고 있는 재능으로부터 발전성 있는 것을 유도하려고 한 일은 없었는가?

당신은 친구로부터 도움을 받지는 않았는가? 혹은 전혀 알지도 못하는 사람으로부터 도움을 받은 일은 없었는가? 이렇게 돌이켜 보면 뭐든지 자기가 혼자의 힘만으로 해 왔다고 생각하는 것은 잘못이다.

고생이나 인내는 인생에 있어서 필요한 것이다.

유태인은 많은 우수한 음악가를 탄생시켜 왔다. 예를 들면 바이올린니스트 만을 들어 보더라도 오이스트라프 메뉴인이란 이름을 곧 들 수가 있을 것이다.

바이올린의 현이 팽팽하지 않은 상태로 놓여 져 있다면 그것은 고운 음색을 내지 못한다. 메뉴인도 줄이 적당하게 팽팽하게 조절되어 있는 상태가 아니라면 아무런 소리도 내지 못할 것이다.

그러나 이 현은 많은 가능성을 간직하고 있어서 켜는 사람에 따라서는 훌륭한 음색이 나온다. 현을 바이올린에 팽팽하게 당기면 켤 수가 있는데 끊어지지 않는 한 이 현을 팽팽하게 유지해야 한다.

이 바이올린의 현의 비유는 유태인들 사이에서 종종 쓰여진다. 인간도 팽팽한 긴장 속에서 노력을 함으로써 비로소 아름다운 음색 곧 아름다움이 탄생하는 것이다.

그러므로 때로는 고생이나 인내도 필요한 것이다. 그러면 우리들은 자신 속에 감추어져 있던 가장 아름다운 음색을 낼 수가 있게 된다.

참된 아름다움과 환희는, 참된 괴로움이나 추함을 안 사람일수록 그것을 음미할 수가 있을 것이다.

자신의 한도까지 당겨 죄면서 고생한 적이 없는 인간은, 마치 꽉 조여지지 않고 내버려진 바이올린의 현과도 같이 자신의 내부에 있는 신이 부여해준 가능성을 발휘할 수가 없게 된다. 『탈무드』는 이렇게 말하고 있다.

「희망의 등불을 계속 가지면 어둠에도 견딜 수가 없게 된다」

등불을 밝혀라

고대의 유태 왕국에 적이 공격해 왔을 때, 왕도 재상도 절망에 빠져 있었다.

누가 보아도 그때에는 침략자가 나빴다. 왕은 이웃나라에

원조를 청하려고 하였다. 그리하여 재상에게 고문서를 기초하도록 명했다.

그러나 병력에 있어서도 침략자와는 수적으로 상대도 할 수 없었다. 누가 이런 판국에 원조해 주러 올까 하니 붓이 제대로 움직이질 않았다.

재상은 왕국이 어쩔 수 없는 운명에 놓여 있었으므로 온 정성을 다하여 편지를 쓰려고 하였다. 한 장을 썼다가는 버리고, 또 한 장을 썼다가는 찢었다.

그러는 가운데 해가 서산으로 기울어 버렸다. 부하가 등불을 밝혀 가지고 왔다.

재상이 다음 쓸 말을 생각하고 있는 동안에 더욱 어두워졌다. 부하는 등불을 가까이 들어올렸다. 그러는 가운데 밤이 짙었다. 사방이 어두워졌다.어딘가에 절대로 움직일 수 없는 자신의 입장을 지니고 있는 것이 인간의 존엄성의 증거가 되는 것이다.

제2장

- 균형감각-

돈이나 성(性)은 더러운 것이 아니다

유태인은 결코 금욕적이 아니다.

이런 말은 벌써 몇 번이나 써 왔는데 예를 들면 유태에는 청빈 이라는 개념이 없다.

그러나 젊었을 때는 가난한 편이 일반적으로 낫다고 생각해 오고 있다. 물론 이와 같은 가난한 젊은이가 훗날에 성공하면 더욱 좋다.

그러나 그렇지 못할 경우는 슬픈 일이다. 그러나 젊기만 하다면 가난은 성공에로의 기회를 제공해 주는 젊음 자체가 갖는 절호의 시기이다.

가난으로부터 벗어나고 싶다고 하는 충동 자체만큼 강한 힘은 없다. 젊었을 때에 가난하다는 것은 감사해야 할 일이다.

그러나 중년이 되고 나서도 가난한 것은 불행한 일이다.

젊음이 원인이며, 중년은 결과이기 때문이다. 젊은이는 그 것을 알아야 할 것이다.

유태인은 돈이나 섹스는 더러운 것이라고 생각해 본 적은 없으며 오히려 인생에 도움이 되는 것이라고 생각하고 있다. 돈과 섹스에는 공통점이 있다.

그것이 없다면 그 일만을 생각하지 않으면 안 된다. 그것이 있어서 비로소 다른 것을 즐길 마음의 여유가 생겨난다. 그러 므로 부자유스럽지 않는 편이 낫다.

특히 가난은 인간의 행복에 있어서는 커다란 것이다.

왜냐하면 가난한 사람이 정신적으로 독립할 수 있는 경우 는 극히 드물기 때문이다.

성서에도,

「지혜는 힘보다 낫다. 그러나 가난한 자의 지혜는 멸시되 며 그가 말하는 바는 들어가지 않는다」(전도자서 9장 56절) 이라고 쓰여 있다. 성서시대나 현대의 인간 사회는 별다름이 없는 것이다.

그런데 유태인 사회에도 걸인이 있었다고 하면 놀랄 사람이 있을지도 모르겠으나, 동유럽에서는 시골이나 도시에는 반드시 한 사람 내지 한 패거리의 거렁뱅이가 있었다.

그들은 '슈노렐'이라고 불리었으며, 한 집 한 집 찾아다니면서 구걸 행위를 하는 일은 없었다.

거렁뱅이도 하나의 직업으로써 신의 허락을 받는 존재라고 생각했었다. 그들은 선행의 '자비'의 대상이 되어 왔던 것이다.

슈노렐 가운데는 굉장한 독서가가 많았으므로 『탈무드』를 통달하고 있는 자가 적지 않았다.

시나고그의 단골손님이기도 하며 모임 중의 한 사람으로써 『토라』나 『탈무드』의 토론에도 참석했었다.

이러한 사정이 있었던 탓이었던지, 『탈무드』에는 가난한 사람을 변호하는 취지의 격언도 찾아 볼 수가 있다.

「가난하다고 해서 바보 취급을 하지 말라. 그 중에는 학식이 높은 사람이 많기 때문이다」

「가난한 이를 업신여기지 말라. 그들의 셔츠 속에는 영지의 진주가 숨겨져 있다」

유태교는 삶의 기쁨을 추구한다

　고대의 유태 사회에서는 세속적인 것으로부터 완전히 등져서 은자와 같은 생활을 보내는 사람들이 있었다.

　그들은 종교적인 수도자였었다. 흔히 말하는 선인과 같은 생활을 보내면서 신에게 기도 생활을 계속했다.

　이러한 사람들을 가리켜 '나지르 인'이라고 부르는데 그들은 술이나 여자를 멀리 했다.

　사막에서 1년, 또는 어떤 사람들은 10년씩도 살았다. 그러나 나지르 인이 일단 사회로 돌아왔을 때에는 신에게 죄의 용서를 빌지 않으면 안 되었다.

　삶의 기쁨을 부정한다는 것은 유태교에 있어서는 죄이기 때문이다. 오늘날에도 그러한 사람은 신에게 용서를 구해야만 할 것이다.

　돈·술·노래·섹스 등과 같은 즐거움이 인생에는 더 필요한 것으로서 때로는 '규제'를 벗어나는 것도 필요한 일이다.

　더러는 취해서 허튼 소리를 떠들어 보는 것도 좋은 것이고 노래를 크게 불러보는 것도 좋다. 싸움을 하는 것도 도리가 없다.

　그러나 비록 그렇게(그런 일을 하고 있는 동안은 그렇게 생각할 필요는 없다고 옛날 랍비들은 생각했다) 행동한다고 할

지라도 어디까지나 그것은 착실하고, 정상적인 생활을 유지하기 위해 도움이 되는 것이어야 한다.

인생의 톱니바퀴가 한 때 어긋나는 것을 두려워 할 필요는 없다. 그렇지만 전 생애를 그르치는 행동은 두려워해야 하는 것이다.

사해처럼 저장만 해서는······.

인간은 모든 것을 자신의 것으로 만들고자 해서는 안 된다.

사람들은 남에게 솔선해서 나눠가지고자 하는 사람의 주변에 모여든다. 나눠준다는 것은 중요하다.

그러한 교훈을 갈릴리 바다와 사해가 우리들에게 보여주고 있다.

이스라엘에는 두 개의 내해가 있다.

하나는 갈릴리 바다이며, 또 하나는 사해(염해)이다.

사해는 해변보다 392미터나 아래에 있으며 오늘날에는 유명한 휴양지가 되어 있다. 근방 주위가 모두 사막으로써 대안에는 요르단 영토가 펼쳐 있다.

사해의 물은 염분의 농도가 짙어 사람이 물속에 들어가도

가라앉지를 않는다. 염분의 비중이 커서 몸이 떠버리는 것이다. 사해 속에는 물고기는 물론 아무것도 살지를 않는다.

그러나 갈릴리 바다는 담수이므로 물고기가 살고 있다.

베드로가 그물을 던졌던 곳으로도 유명하며, 오늘날에 와서 세인트 피터스 피쉬(성 베드로의 물고기)라는 외관은 흉측하지만 맛있는 물고기가 명물로 등장하여 해변 가에는 몇 개의 음식점이 있다.

해안에는 많은 수목들이 수면 위로 가지를 뻗어 새가 모여 지저귀는 생동감 넘치는 아름다운 세계다.

이 갈릴리 바다에 비교하면 사해는 생명이 있는 것은 아무것도 살지 않는다. 근처에는 나무도 없을뿐더러 새가 노래하는 일도 없다. 사해의 공기마저도 답답해 보인다.

그리고 사막에 살고 있는 동물들이 물을 마시러 나타나는 일도 없다. 그러므로 옛사람들은 죽음의 바다 즉 '사해'라고 이름을 붙였던 것이리라.

갈릴리 바다는 요단강으로부터 물을 받아들이고 있다.

그러나 사해처럼 그저 저장하는 일은 하지 않는다. 갈릴리 바다에서 다시 요단강이 이어져서 사해로 들어간다.

그러나 사해는 물이 흘러 나가는 강을 갖고 있지 않다. 받아들이는 것은 모두 자신의 것으로 만들어 버리는 바다이다.

그리하여 유태인의 현인들은 갈릴리 바다는 받아들인 분량

만큼 또 남에게 주기 때문에 언제나 신선하며 사해는 모든 것을 자신의 것으로 만들어 버리기 때문에 생물이 살 수 없고 또 생물이 가까이 지낼 수도 없다고 생각했다.

사해는 자신에게는 흘러오는 물 한 방울 한 방울을 모두 자신의 것으로 만들어 버린다.

사해는 남에게 주는 짓을 하지 않는다. 그래서 죽어 있는 것이다.

인생은 이와 같은 사람과 종종 만나게 된다.

물은 흐르고 있지 않으면 물고기도 살 수 없으며, 동물이 물을 마시러 모여 드는 일도 없다. '받기' 만 할 뿐 '주는 일'을 하지 않는다면 평판이 있는 사람들로서는 생각을 다시 해보게 하는 교훈이 아니겠는가?

갈릴리 바다와 같은 사람이 되어 줄 것을 간곡히 바란다.

사흘에 한 번 마시는 술은 금(金)이다

유태인들은 금욕적이 아니기 때문에 술은 좋은 것으로 되어 있다.

『탈무드』에는,

「아침의 술은 돌, 낮의 술은 구리, 밤의 술은 은, 사흘에 한 번 마시는 술은 금」이라고 쓰여 있다.

그런데 유태인이 만취하는 경우는 극히 드문 일이다.

유태인은 곤드레가 될 때까지 마시는 일은 절대로 없으며 유태 문학 속에도 그와 같은 인물은 거의 나오지 않는다. 그렇지만 술은 유태인과 끊을래야 끊을 수 없는 관계에 있다.

아이들은 어렸을 때부터 포도주 맛을 알고 있다.

사바스 때에는 술은 빼 놓을 수 없는 즐거움의 일부이다.

성서 속에도 술의 효용에 대해서 몇 번이나 되풀이해서 나온다.

또한 성서속의 비유에도 술이 많이 등장한다. 이것은 즐거운 일이나 혹은 풍요함을 나타내는데 이용되고 있다.

『탈무드』에서는,

「적당히 술을 마시면 머리의 활동을 좋게 한다」

라고 가르치고 있다.

그러나 동시에 그 도가 지나치게 되면 지혜를 잃는다는 것을 경계하고 있다.

랍비들은 오랫동안 술은 인간에게 있어 훌륭한 약이었으므로, 술이 있는 곳에는 약은 없어도 좋다고 말하고 있다.

랍비 이스라엘은,

「술은 마음을 열어 주어 사람을 너그럽게 만든다」

라고 말하고 있다.

그러나 현인들은 술의 즐거움을 말함과 동시에 너무 지나치게 마시는 것은 경계해 왔다.

밤이 되면 다른 민족의 많은 사람들이 술에 빠지는데 비해 대부분의 유태인들은 적당히 마시고, 책을 읽고, 유쾌한 음악에 귀를 기울인다.

『탈무드』는,

「사람이 죽어 신 앞에 설 때에, 신은 모처럼 인간에게 준 온갖 즐거움을 피한 것에 대해서 좋아 하지 않는다」

라고 말하고 있다.

이와 같이 금욕적인 것은 모처럼 신이 인간에게 부여해 주신 여러 가지 즐거움을 무시했기 때문에 내세에서 벌을 받는다고, 약간은 편리한 대로 랍비들은 생각했으나, 이것은 유태인이 인생을 즐기고자 하는 태도의 한 표현이다.

그러나 어디까지나 즐기는 것이나 일하는 것도 적당한 선에서 그쳐야 하며 그 도를 지나쳐서는 안 된다고 생각했다.

가톨릭의 신부와 프로테스탄트의 목사와 유태교의 랍비 세 사람이 어느 날 함께 식사를 했다고 하는 일화가 있다.

세 사람의 앞에는 근사한 한 마리의 커다란 물고기가 요리되어 나왔다. 세 사람은 각각의 말로 기도를 했다.

먼저 가톨릭의 신부가,

"로마 교황은 교회의 머리이니까 나는 머리 부분을 먹겠소."

라고 말하고 고기를 반으로 잘라 머리가 붙은 부분을 가져다가 자기의 접시에 놓았다.

다음에 프로테스탄트의 목사가,

"우리들은 최후의 진리를 장악하고 있다.

그러므로 꼬리부분을 먹겠소."

라고 말하고서 꼬리가 붙은 다른 반 토막을 자기 앞의 접시에 놓았다.

랍비에게는 소스와 야채가 조금 남겨져 있을 뿐이었다. 랍비는 이렇게 말하면서 야채와 소스를 자기 접시로 옮겼다.

"유태교에서는 양 극단을 싫어하지요."

이러한 이야기는 유태인의 처세술이 극단적으로 살아가는 것보다는 균형을 취하는 것을 중요시한다는 사실을 기억하는 데 도움이 될 것이다.

무엇이든 적당하게 한다는 것이다.

때로는 어긋나서 규제를 벗어나는 때일지라도 최저의 균형은 생각하고자 하는 것이다. 금욕적인 것을 추구하는 사람들에게 있어서는 술을 비롯한 모든 인생의 즐거움은 나쁜 것으로 생각되고 있다.

만일 인간이 강한 면만을 갖추고 있다고 한다면 얼마든지 까다로운 요구를 부과해도 좋을 것이다. 그러나 인간은 어느 누가 되었건 약한 면도 함께 갖추고 있다.

그렇기 때문에 강한 면과 약한 면을 동시에 가지고 있다고 생각해야 할 것이다. 인간은 어느 정도 약함을 지니고 있다. 라는 사실을 인정해야 할 것이다.

그렇다고 하여 약함을 장려한다는 것은 아니다. 그러나 어느 정도까지의 허세, 탐욕, 게으름을 피우고 싶은 마음 같은 것은 허용해야 할 일이다. 늘 긴장만 한다면 인간은 오래 지속하지 못한다.

그래서 약함을 꺼려하고 싫어하기 보다는 어느 정도까지 약함을 인정해야 하는 것이 좋은가 하는 것을 문제 삼는 편이 현실적이라 하겠다. 다소의 약점을 지니고 있다는 것은 건전한 면조차 있는 것이다.

시간은 생명

내가 뉴욕에서 고등학교에 다니고 있던 무렵, 교사였던 랍비 한 사람이 차고 있던 시계의 뒷면에,

"시간을 중요하게 여기시오."

라는 말이 새겨져 있었다.

교사는 어느 땐가 시계를 우리들에게 보여주었는데 너무나 케케묵은 말이 아닌가 하고 대부분의 학생들은 생각했었다.

그 랍비는 우리들이 별로 감동하는 표정을 보이지 않는 것을 알고 시계를 다시 팔목에 차고서는 이렇게 말했다.

"미국에는 「타임 이즈 머니(시간은 돈이다)」라는 속담이 있는데, 나는 이것은 아주 틀린 말이라고 생각합니다. 어째서 그런가 하면 이것은 중대한 오해를 일으키기 쉽기 때문입니다. 만약 시간이 돈이라고 한다면 이것은 우선 자신의 시간을 어떻게 소비하면 좋을지 모르는 사람이든가, 또는 어떻게 써야 할지 모르는 사람들에게만 말 할 수 있을 것입니다.

바꿔 말하면 시간이나 돈에 대해서 알지 못하는 사람들에게 꼭 들어맞는 말일지도 모릅니다. 가엾은 일입니다. 우선 시간은 돈 보다도 훨씬 귀중한 것입니다.

어째서인가 하면 이 두 가지 것은 전혀 비슷하거나 공통점을 가지고 있지 않기 때문입니다. 왜냐하면 돈은 저축할 수가 있지만 시간은 저축할 수가 없으며 한 번 잃은 시간은 되돌려 받을 수도 없고 다른 사람들로부터 시간을 빌릴 수도 없기 때문입니다. 그리고 인생이라는 은행에 앞으로 얼마의 시간이 되어 있는가 알 수도 없습니다. 그러므로 '타임 이즈 머니' 라

는 말은 아주 틀린 말이며, '타임 이즈 라이프(시간은 생명)'
라고 해야 할 것입니다."

라고 랍비는 말했다.

그때서야 우리들은 모두 큰 감명을 받았다. 『탈무드』에는
인간을 재는 데에 네 가지 척도가 있다고 쓰여 있다.

돈 · 술 · 여자 · 시간에 대한 태도이다.

그런데 이 네 가지 것에는 공통점이 있다. 매력적인 것이긴
하지만 도를 지나쳐서는 안 된다는 것이다. 그러고 나서 이
랍비는 우리들이 졸업하기 직전에 이렇게 말했었다.

"소년은 부모가 생각하고 있는 것보다 3년 빨리 어른이 됩
니다. 그리고 자신이 그렇게 되었다고 생각되는 2년 후에 진
정한 어른이 됩니다. 당신들도 마찬가지입니다."

랍비는 이것을 『탈무드』에 있는 말이라고 했는데 이것은
매우 함축성 있는 말이었다. 그리고

"인생에서 돈 · 술 · 여자 · 시간은 도를 지나쳐서는 안 됩
니다.

처음의 세 가지는 누구든지 아는 일이지만, 나중의 시간에
대해서는 별로 신경을 쓰지 않는 것입니다. 무심결에 쓸데없
는 일에 시간을 흘려보내기 쉬우니까요."

하고 말씀하셨다.

"어른이 되었을 때 내가 이렇게 학생들에게 이야기 했던

일을 언제고 염두 해 두기 바랍니다." 하고도 말했었다.

그리고 이러한 이야기도 했다.

어느 날 두 사람의 사나이가 악한에게 쫓기어 깊은 골짜기의 절벽 끝까지 왔다.

곧 골짜기를 건너는 데는 한 가닥의 로프가 걸쳐져 있을 뿐이었다. 그리하여 두 사람은 이 로프를 잡고 건너기로 하였다.

우선 한 사나이가 줄타기 선수처럼 재빨리 건넜다.

두 번째 사나이가 아래를 내려다보니 깊은 골짜기이므로 두려움에 떨면서 소리쳤다.

"당신 어떻게 해서 그렇게 잘 건넜소? 무슨 비결이라도 있소?"

그러자 첫 번째 사나이가 대답했다.

"이런 밧줄 타는 건 처음이라서 잘 모르겠는데 한 편으로 기울어지려고 할 때에 또 다른 한 쪽에 힘을 주어 균형을 잡으면서 건넜소."

이것은 인생을 밧줄을 타고 건너는 데 에 비유한 이야기다. 인생만큼 균형을 잡고 살아가지 않으면 안 되는 것도 없다.

아마 유태인 처세술의 그 진수는 균형을 잡는 데에 있을 것이다.

무슨 일이든지 지나치지 않도록 알맞게 적당히 해야 한다.

유태인은 돈, 술, 여자 같은 것들을 그리스도 교도들처럼 죄악시하지 않는다.

다른 항목에서도 소개하고 있듯이 신이 제공해 주신 쾌락을 즐기지 못하는 것은 죄가 된다고 생각하고 또 도가 지나쳐도 죄가 된다고 그들은 생각하고 있다.

감정은 시간의 시련에 견뎌내지 못한다.

정열에는 두 종류가 있다. 감정에 의해 노출되는 정열과 이지(理知)에 의해 지탱되는 정열의 두 가지이다.

감정에 의해 노출되는 정열은 위험하다. 감정은 격앙되는 일은 있어도 오래 지속되지 못한다. 그러나 이성은 일생을 지배할 수 있다.

이성에 의해서 지탱되는 정열을 예로 들면 아인슈타인의 상대성 원리 등이 그와 같은 정열에 의해서 산출된 것이다.

이성적 정열에 의해서 곤란에 도전하여 마침내는 위대한 금자탑을 세운 것이다.

유태인의 전통에는 정열로 인해 몸을 망치고 실패를 초래하는 일에 대해 강력히 충고하고 있다. 이와 같은 정열에는 경계하지 않으면 안 된다.

이와 같은 정열은 인생의 톱니바퀴를 어긋나게 한다. 연애도 마찬가지이다.

예를 들면 유태인은 좀처럼 격렬한 연애를 하지 않는다. 물론 그들도 인간이기 때문에 연애를 한다. 그러나 연애는 가정을 구출하기 위해서 행해지는 것이라고 생각하는 것이 보편적이다.

내가 이 책에서 가끔 말하고 있듯이 유태인은 중용을 중요시한다. 그리고 과격한 것을 싫어한다. 이것이야말로 유태인의 처세술의 요체이다. 그렇다고 해서 감정을 무시하고 있는 것은 아니다.

『탈무드』는

「마음이 가득 차지면 마음은 눈으로부터 넘쳐 나온다」라고 하는 아름다운 말을 쓰고 있다. 마음은 눈물이 되어 넘쳐나는 것이다. 그러므로 물론 감정의 존재를 긍정하고 있다.

'웃음은 풍력, 울음은 수력' 이라 함은 아이들이 울 때에 유태인 부모들이 놀리는 말인데 우습지가 않은가?

그러나 세월의 시련을 거쳤는데도 가치를 잃은 것에는 진정 존경할 만한 것은 없다.

감정은 시간의 시련에 견뎌낼 수 없는 것이다.

유태인은 동정하는 일을 '레헴' 이라고 한다. 이것을 들으면서 여성 상위를 주장하는 사람들은 크게 기뻐할지도 모른다.

'레헴'이란, 어머니의 자궁을 가리키는 말이다.

랍비들에 의하면 어머니가 아이를 임신했을 때는 남녀의 구별이 없이 사랑을 느끼기 때문이라고 말한다. '레헴'이란 말 뿐만 아니라, 어원이라는 것은 깊은 의미가 있으므로 더듬어 나가면 자못 흥미롭다.

성서에 의하면,

「신은 이 세상을 정의만이 지배하는 곳으로 만들고자 생각했으나 결국은 불가능했다. 그래서 하는 수 없이 인간이 견뎌낼 수 있도록 '동정'을 주었다」고 말한다.

즐거움이 지나치면 생명을 잃는다

항해하던 배가 항로를 벗어나 버렸다. 강한 바람이 불어치고 며칠이고 목적도 없이 바다를 표류했다. 이윽고 알지도 못하는 섬에 표착했다.

그곳에서는 바람이 완전히 자버리게 되자 배가 움직일 수 없게 되었다.

섬에는 푸른 수목들이 무성했으며, 꽃이 만발하여 좋은 향기를 풍겨 왔다. 배의 승객들은 다섯 개의 그룹으로 나뉘어졌다.

제 1그룹은,

"우리는 배로부터 떨어지지 맙시다. 언제 좋은 바람이 불어올지 모르니 바람만 불면 곧 닻을 올릴지 모릅니다. 우리들이 섬에 떨어져 남는 일이 있어서는 안 됩니다. 안전을 위해서 배에서 내리지 말기로 합시다."

하고 말해 배에 남았다.

며칠 동안 바다 위를 떠돌아 다녔기 때문에 배 안의 생활은 진저리가 났다. 그래도 그들은 바람을 기다리며 남아 있었다.

제 2그룹은,

잠깐 동안에 섬에 상륙하자고 했다. 그들은 육지에 상륙하여 꽃을 모으고 과일을 먹고 적당한 시간에 배에 돌아왔다.

제 3의 그룹은,

배에서 내려 섬에서 충분히 즐겼다. 그리고 시간이 흐르는 것을 잊었다. 그러다가 배가 닻을 감아 올리는 것을 보고 당황해서 허둥지둥 돌아왔다.

이 때문에 지금까지 배 위에서 차지하고 있던 편안한 자리를 빼앗기고 비좁은 자리를 맡아야만 했다.

제 4의 그룹은,

섬에 머물면서 너무나 많은 즐거움에 몰입해 있었으므로, 배의 출발을 알리는 종소리를 듣고서도 아직 닻을 올리기까지는 시간이 남아 있다고 생각했다.

아직 닻을 펼쳐 올리기까지는 약간 더 시간이 있다고 말하면서 최후의 순간까지 섬에서 즐기고자 했다. 그리하여 배가 진짜로 움직이려고 하자 그제야 허둥지둥 돌아오려고 했다.

그래서 나무들 사이를 달려 빠져나올 때에 상처를 입거나 또는 굴러 넘어져 다치기도 했다. 그 때문에 항해가 끝날 때까지 상처가 낫지 않았다.

제 5의 그룹은,

섬에서 즐기는 데에 정신을 완전히 빼앗겨 배가 출항하는데도 전혀 알아차리지 못하고 섬에 남겨져서 그 뒤에 짐승들에게 먹히거나 또는 병에 쓰러졌다.

이 이야기들은 우리들에게 절제 있는 생활을 하라는 교훈을 주고 있다.

배는 인생의 목표를 말해주고 이 섬은 쾌락으로 인간을 유혹하고 있다.

랍비들은 제1 그룹은 잘못 생각하고 있다고 말한다. 항해는 괴로운 것이어서 이와 같은 섬이 있다면 잠시나마 즐겨야 한다고 했다.

따라서 제2 그룹이 적절하게 섬 생활을 즐겼기 때문에 현명하다고 말한 그들은 제3, 제4, 제5의 그룹으로 감에 따라 쾌락에 더 깊이 빠져들어 갔고 특히 제5의 그룹은 자신들의 장래에 대해서는 완전히 잊어버렸기 때문에 멸망을 한 것이라고 말했다.

잡초도 녹도 도움이 된다

아무리 쓸모없는 것이라고 할지라도 도움이 되는 수가 있다.

어느 날 한 농부가 허리를 구부리고 뜰의 잡초를 뽑고 있었다. 얼굴에는 땀방울이 뚝뚝 떨어졌다.

'지긋지긋한 이 잡초만 없다면 이 고생을 안 해도 되고 밭도 깨끗할 텐데 어째서 신은 이와 같은 잡초를 만들어 냈을까?' 하고, 그는 혼자서 중얼거렸다.

그러자 이네 뜰의 한쪽 구석에 뽑혀진 잡초가 그 농민에게 이렇게 대답했다.

"당신은 나를 지긋지긋한 존재라고 말하는데 나도 한 마디 한다면 당신은 우리가 얼마나 고마운 존재인지 모르고 하는 소리요. 우리는 진흙탕 속으로 뿌리를 뻗침으로써 흙을 갈아주고 있소. 그런데 우리를 뽑아낸다면 아마도 흙을 갈 수가 없을 것입니다. 뿐더러 우리는 비가 내릴 때에는 진흙이 흘러내리지 않도록 막아주고 건조할 때는 바람이나 모래, 먼지가 일어나는 것을 방지해 주고 있소. 그러므로 우리들은 당신의 밭을 지켜온 것입니다. 만일 우리들이 없었다면 당신이 꽃을 기르고자 하더라도 비가 흙을 씻겨 내리고 바람이 흙을 날려서 당신을 더 곤란하게 했을 것이오. 그러므로 꽃이 아름답게 피었을 때, 우리들의 노고도 생각해 주었으면 합니다."

농부는 이 말을 듣더니 자세를 똑바로 하고 얼굴의 땀을 씻었다.

그리고 가볍게 웃었다. 그는 그 이후로 잡초를 소홀히 생각하지 않았다.

녹은 도움이 되는 것이 아니라고 생각할지도 모른다. 그러나 그렇지 않다. 신의 창조적 행위는 날마다 진행되어 간다. 인간도 이 창조의 행위에 참가하고 있다. 자연의 법칙에 따르면 우리들은 날마다 다시 태어나고 있다.

지식에서 패션까지 날마다 달라지고 있다. 그러므로 세계는 창조의 행위가 시시각각으로 진행되고 있다고 생각하는 편이 좋다.

이와 같은 창조적인 역할을 녹도 한 몫 하고 있다.

우선 창조하기 위해서는 낡은 것을 파괴하지 않으면 안 된다. 새로운 탄생의 이면에는 언제나 낡은 것이 파괴되는 바탕 위에 있다.

쇠의 녹은 오래된 것을 제거하고 새로운 것이 생겨남을 의미한다. 만약 오래된 것이 파괴되어 없어지는 일이 없다면 세계는 하찮은 것들로 가득 차 버릴 것이다. 인간에게도 녹과 똑같은 현상이 보이는데 예를 들면 기억이 희미해진다고 하는 경우일 것이다.

우리들은 오래 전에 이루어진 일들을 잊어버리기 때문에 모든 과거의 기억을 간직하고 있지 않게 된다. 그러므로 해서 새로운 문제에 대해서는 분명하게 생각을 할 수가 있는 것이다.

나이를 먹으면 기억력이 나빠진다고 하는데, 신은 늙은 사람에게 안락을 주기 위해서 기억력을 약화시켰고, 부드러운 것만을 몸에 섭취하도록 이를 퇴화시켰음에 틀림없다. 사람이 가장 기쁠 때는 감사를 받을 때이다.

무슨 일이든 감사하는 습성을 붙이는 것은 인생을 살아가는데 있어서 중요한 일이다.

모든 일에는 좋은 면과 바람직하지 않은 면이 있다.

그러나 종종 바람직하지 못하다고 생각되는 면에도 무언가 도움이 되는 것 같은 요소가 포함되어 있는 것이다. 그러므로 무슨 일이 일어났던 간에 머리속으로 도움이 되지 않는다고 생각해서는 안 될 것이다.

감사하는 마음은 겸허한 태도로부터 솟아나는 것이다. 그리고 겸허해지면 자신이 보이는 시야가 크고 넓어진다. 지금까지 상대도 하지 않았던 사람이나 사물이 눈에 들어오게 된다. 그리고 농부에게 말을 걸어온 잡초와 같이 저 쪽으로부터 당신에게 접근해 올 것이다. 우리들은 모두 상인과 똑같다고 말할 수 있다. 겸손한 상인은 거만한 상인보다 고객이 당연히 많다.

그러나 비굴해져서는 안 된다. 상대에게 호감을 얻기 위해서는 아무래도 좋으니까 허리를 굽실거리라고 하는 것은 아니다. 겸허함은 긍지라고 하는 샘으로부터 솟아나는 물이다.

그러므로 일단 상대가 아무 짝에도 도움이 되지 않는다고 판단이 된 연후에야 잘라 버려야만 될 것이다.

관용하는 마음에는 한정이 없어도 시간에는 한정이 있다.

겸허함과 관용을 혼동해서는 안 된다.

실패는 기념할 만한 것

유태인은 다른 민족과 달라서 이전에 패배한 날이나 굴욕적인 날을 기념하는 아주 보기 드문 민족이다.

유태인은 종종 '패배의 천재'라고 불리고 있다. 왜 그런가 하면 유태인은 패배를 기억하는 것으로부터 힘이 생겨난다고 믿고 있기 때문이다.

다른 민족은 승리의 날만을 기념하고 실패한 날을 기억조차 하지 않으려고 노력한다. 그러나 실패는 잊어서는 안 된다고 말하는 것은 실패는 너무나도 귀중한 교훈이기 때문이다.

실패만큼 좋은 교훈은 없는 것이다.

유태인의 축제일 가운데서 가장 큰 것이 유월절이다. 영어로 '패스오버'라고 한다. 이전에 유태인이 이집트에 노예로 붙잡혀 가 있다가 해방되어 이스라엘 땅(가나안 복지)으로 되돌아간 것을 기념하는 날이다.

세계 속의 유태인의 지역 사회에서는, 이날에는 모두 모여서 해방된 날을 축하한다. 아주 먼 옛날의 날이지만 유태인은 모세의 인도를 받아 홍해와 사막을 건너서 이스라엘 땅까지 이르렀다.

그래도 오늘날 이 유월절을 기념하는 날 밤에는 유태인들은 이집트에서 노예 생활을 할 때 먹었던 맛소(소다를 넣지 않지 않은 빵)라는 딱딱한 빵을 먹는다. 이것은 민족이 한 번 받은 굴욕을 문자대로 재음미해 보려고 하는 의미를 지니고 있다.

유월절은 축하의 날이기도 하다. 그러나 유월절 때에는 이집트에서 노예로 붙잡혀 있어 학대를 받으며 모욕을 받은 그 체험을 마치 어제의 사건처럼 이야기하기도 한다.

이 유월절 만찬에는 마치 우리나라 사람들이 설날에 일정한 음식을 만들어 먹듯이 유태인도 몇 천 년 동안이나 똑 같은 음식을 만들어 먹는다.

예를 들면 이 날의 식탁에는 쓴 나뭇잎이 나온다. 이와 같은 쓴 이파리는 축연의 식탁에는 어울리지 않지만 이것은 예전의 패배의 쓴 맛을 음미하기 위함인 것이다.

앞에서 말한 바 있는 '맛소' 라는 빵도 마찬가지이다. 그리고 반드시 단단하게 삶은 달걀이 나오고 마지막에는 '아라챠' 라는 술을 마신다. 이것은 최후의 승리를 음미한다.

이러한 음식물은 상징적인 의미를 부여해 준다.

그럼 어째서 삶은 달걀을 먹는 것일까. 그것은 다른 식물은 삶으면 모두 부드럽게 되지만 달걀은 삶으면 삶을수록 단단해진다.

고난에 부딪칠수록 패배를 거듭할수록 강해진다는 의미가 포함되어 있다.

인간도 그렇게 되지 않으면 안 된다는 것이다.

어떻게 행동하면 좋을까 하는 문제를 공부하는 데는 실제의 행동을 통해서 배울 수밖에 없다.

인생에는 성공하는 일도 있으며 실패하는 일도 있다. 성공한 일만을 기억하고 있는 자는 또 다시 실패한다. 성공은 사람들을 방심케 하고 태만함을 불러 일으켜준다.

실패는 사람들을 긴장시키고 경계를 하게 만든다. 실패는 좋은 스승이므로 모처럼 배운 것을 잊어 버려서는 안 된다. 인간은 스스로의 체험을 통해서 배워나가는 것이다.

실패는 성공보다도 귀중하다고 생각되기도 한다. 한 번도 실패해 보지 않았다는 사람은 없다. 죄가 하나도 없는 인간이 없듯이…….

그러나 진정한 의미의 실패는 똑같은 실패를 두 번 되풀이하는 것을 말한다. 한 번의 실패는 부끄러울 것이 없다.

그러나 두 번 똑같은 실패를 한다면 부끄러워해야 할 것이다.

그리하여 실패는 과거로 돌려보내고 미래보다는 공간으로 성공을 불러 들여야만 할 것이다.

미래에서는 실패를 제거해 내야 한다.

실패의 체험을 기억해 둔다는 것은 굉장히 중요한 일이다.

우리들은 괴로울 때에는 유태인 비즈니스맨 가운데는 사무실에 이전에 실패해서 상사의 심한 눈총을 받았던 때의 계약서를 장식하고 있는 사람도 있다.

배우는 일은 고통을 수반하는 것이다. 고통을 회상해 보는 것도 공부가 된다. 실패를 잊고 싶어 하는 것은 인간의 본성이다.

그러므로 실패는 그것이 심했던 것이면 것일수록 항상 회상해 보도록 노력해야만 할 것이다. 미래에 기다리고 있을 지도 모르는 실패는 불유쾌한 것이지만, 과거의 실패는 우리에게 도움이 된다.

타협의 조건

오늘날 세계에는 진정한 의미로서의 자유로운 민주주의 국가는 적다. 그 중에서도 어떠한 상황에 처하더라도 절대로 광부에 의한 스트라이크가 일어나지 않을 만큼까지, 바꾸어 말하면 사회의 뼈 속까지 민주주의가 스며들어 있는 나라는 열 손가락으로 꼽을 수 있을 정도이다.

영국 · 미국 · 네덜란드 · 벨기에 · 스웨덴 · 노르웨이 · 덴마크 · 스위스 · 캐나다 · 이스라엘 등등이다.

서독, 프랑스(1950년대에 알제리아 위기 때는 광부가 스트라이크를 시도했다) 이탈리아에서는 위기적인 상황 하에서는 쿠데타나 폭력에 의한 정권교체도 가능하다고 생각되어 진다.

최초의 그룹에 있어서의 공통점은 오랜 전통을 중요시 하고 있다는 점이다.

영국(검은 곰 털모자를 쓴 친위대로부터 런던탑의 감옥소까지), 네덜란드, 벨기에, 스웨덴, 노르웨이, 덴마크는 왕실을 존중하고 있으며 스위스, 미국, 캐나다, 이스라엘에서도 역사를 중요시하고 있어 역사적 전통을 자랑으로 삼고 있다.

민주주의 국가에서 특별히 전통을 중요시 하고 있는 것은 어째서일까? 나는 일본에서 사는 동안 와세다 대학에서 강의를 한 적이 있는데, 그 때에 학생들로부터 오래된 것과 민주주의는 용납할 수 없는 것이라는 말을 들었다.

민주주의는 새로운 것이며 또 날마다 새롭게 변해 가기 때문에 오랜 전통은 도리어 민주적 발전을 저해하는 것이 아닌가 하고 생각하고 있는 것 같았다.

얼마 전 나는 골다 메이어의 자서전 『나의 생애』 원제 『마이 라이프』를 읽었다. 이 책에서 골다는 젊은 시절을 다음과 같이 회상하고 있다.

골다 메이어라고 하면 이스라엘의 여성 수상으로써 동양에서도 알려져 있다.

그녀는 젊은 시절을 미국에서 보냈는데, 노동 운동의 투사였다. 골다는 러시아에서 태어났지만 유태인 인 부모를 따라 미국으로 이민을 갔고 1917년에 그녀는 밀워키에서 모리스 이야손과 결혼을 했다. (이스라엘로 옮겨 가서 헤브라이 식으로 메이어로 개명했다)

결혼하기 전에 나는 어머니와 오랜 시간에 걸쳐 상의를 해야만 했다. 어머니나 나나 의견이 맞지 않아 감정적으로 되어 있었다. 그것은 모리스와 나는 우리의 결혼을 시청에 가서 혼

인신고만으로 끝내면 손님을 초청해서 피로연을 할 필요도 없고 또 다른 귀찮은 일도 없을 것이라 생각하고 있었다. 모리스와 나는 사회주의자였다.

전통에 대해서는 관용의 마음을 가지고 있지만은 그 어떤 것에 대해서도 자신들의 행동을 속박할 수는 없다고 믿고 있었다. 그러나 어머니는 만약 시청에 신고만 하는 것으로 결혼식을 끝낸다면 유태인 거리에 얼굴을 내놓고 나설 면목이 없게 되며, 가족의 수치도 되므로 이제는 밀워키에 머물러 있을 수가 없게 된다고 완고하게 버티었다.

전통적인 의식에 따라 결혼해야 한다는 주장이었다. 그리고 그것이 너희들에게 무슨해가 되는가? 하고 어머니가 말했을 때 모리스와 나는 15분 동안 '츄빠'(유태 식 결혼에서 신부를 위해 만들어진 천막) 아래 선다 할지라도 아무런 손해가 될 것이 없다고 타협했다.

우리는 양 쪽 친구들도 초대했다. 그리고 밀워키의 유명한 랍비 중 한 사람인 숀펠트씨가 주례를 맡아 주었다. 어머니는 돌아가시기 전까지, 랍비 숀펠트가 나의 결혼을 위해 집까지 와 주었고 게다가 어머니가 만드신 케이크를 맛있다고 말해 준 것을 자랑으로 여기며 즐거운 듯이 이야기하곤 했다. 지금에 와서 생각해 보면, 그날 어머니를 얼마나 기쁘게 해 주었던가. 그리고 시청으로 그냥 결혼신고를 하러 가지 않은 것이 얼마나 잘한 일인가를 생각해 보면 흐뭇하기만 하다.

동양에는 이와 비슷한 오랜 전통과 관습을 가진 나라들이 많다.

멋있는 고옥과 가족주의, 독특한 경어의 사용과 같은, 다양한 전통적인 관습들이 있다.

이러한 관습을 지키는 것은 아무런 해가 되지 않는다. 도리어 민주주의를 확고한 것으로 만드는 데에 도움이 되는 것이다.

민주주의 사회에서는 일원적인 전체주의 사회와는 달라서 사람들이 제각기 자기 나름대로 주장을 할 수 있는 다양한 가치들이 존재한다.

동양의 자유진영 국가에서 흔히 있는 텔레비전의 토론을 보고 있노라면 여섯 사람의 참석자가 있으면 여섯 사람이 제각기 독자적인 다른 의견을 가지고 있다.

즉 다원적인 것이다. 이와 같은 민주주의 사회를 정착시키는 것은, 전통이라는 공통의 자산이 있기 때문이다. 하물며 전통을 중요시한다하더라도 손해를 볼 일이야 없지 않은가.

사람들이 전통을 공유하여 중요하게 여김으로써 사회가 공동의식을 가지게 되고 공통의 분모위에 서서 다양한 가치를 추구할 수가 있는 것이다.

그러므로 참 민주주의 국가에서는 전통을 강조하고 존중하는 것이다.

과거의 유산과 전통을 중요시하는 나라가 민주주의 국가로 되고 있는 점에 주목해야 할 것이다.

유태인은 전통을 아주 중히 여긴다. 그렇게 함으로써 민족성을 유지해 왔다.

그러나 오른쪽 눈으로 전통을 들여다보면서 왼쪽 눈으로 전통을 신랄하게 응시하는 것이다.

「자신의 머리로 전통의 의미를 생각하지 않는 자는 다른 사람에게 손을 이끌려 다니는 맹인과 같다」라고 『탈무드』는 말한다.

제3장

-사랑이란-

정열은 결혼만큼 오래 지속되지는 않는다

유태인은 격렬한 연애라는 것을 예찬하지 않는다. 그러나 인간이기 때문에 연애를 한다.

연애 자체를 부정하지는 않지만 어디까지나 올바른 눈으로 남녀관계를 바라보는 것이다.

『탈무드』에는 세 가지를 인간에게서 감출 수 없다고 말한다.

「세 가지를 인간은 감출 수 없다. 기침·가난·사랑하는 마음 그러나 동시에,

열정 때문에 결혼하더라도 그 열정의 흥분은 오래 지속되

지 않는다」라고 경계하고 있다.

　사랑이 격렬할수록 그 사랑은 생명이 짧다. 흥분은 오래 지속되지 않는다.

　이와 같은 경고가 많은 반면 사랑을 하나같이 귀중하게 생각했다.

　「사랑은 쨈이다. 그러나 인생이라는 빵과 함께 먹지 않으면 살아갈 수 없다」

　유태인은 현실주의자인 것이다.

　또 『탈무드』는 말한다.

　「사랑은 정신을 미치게 한다」

　「경솔하게 사랑을 하면 중대한 결과를 낳는다」

　「사랑과 증오는 언제나 과장되고 있다」

　「신혼여행은 일주일로 끝난다. 그러나 일생은 일주일로 끝나지 않는다」

여자는 남자를 지배해서는 안 된다

　여자에 대해서 이야기해 보자.

　유태인은 부계중심의 사회를 만들어 왔다고 한다.

이것은 확실히 옳은 말이다.

유태인의 가정에서는 아버지가 가장 권위를 갖고 있다. 그렇다고 하여 여성이 학대를 받아온 것은 아니다.

천주의 십계에서는 남녀가 평등하게 다루어져 있다.

이스라엘 사람을 이집트 사람의 손에서 해방시킨 것은 미리엄이었으며, 고대 유태 독립의 영웅으로 드보라가 있다.

성서의 잠언 가운데는 여성이나 어머니는 찬양되고 있다.

헤브라이 말에서 가장 높은 가치를 두고 있는 말에 '라하마라트' 라는 말이 있는데 이 말은 '어머니의 사랑' 이라는 의미이다.

유태의 속담에는,

「신은 모든 곳에 있을 수가 없으므로 어머니를 만들었다」고 한 말이 있다. 또 유태 사회에서는 남자는 독립하여 아내를 맞아들이지 않는 한 떳떳한 한 남자로 대접받지 못한다.

이상적인 남성이란, 사나이의 강함과 여자의 상냥함을 겸비한 자라고 한다.

『탈무드』에는 다음과 같은 아름다운 말이 쓰여 져 있다.

「당신의 아내를 당신 자신을 사랑하듯이 사랑하고, 중요하게 지키십시오. 여자를 울려서는 안 됩니다. 하나님은 그녀의 눈물을 한 방울씩 세실 것입니다」

여성은 유태의 전통에서는 중요한 위치를 차지해 왔다. 매주 금요일 사비스의 만찬 때에는 가족들이 모두 모여서 식사를 하는데, 남편은 다음과 같은 아내를 찬양하는 말로써 노래를 부르게 되어 있다.

「당신은 힘과 온순함을 함께 겸비하고 있으니 당신이 입을 열면 지혜 있는 말이 넘쳐흐르는 구나. 하나님이 당신을 축복하시고 당신의 아이들을 지켜 주시기를……」

그리고 아내는 촛불을 켠다. 또『탈무드』는,

「만일 남녀 고아가 있다면 우선 여자를 먼저 구하라. 남자 아이는 질식을 해도 좋지만 여자는 그렇게 하는 것이 허락되지 않기 때문이다」고 가르치고 있다.

유태인 사이에서는 아내를 때리는 것은 가장 수치스러운 일로 여기고 있다.

그러나 유럽이나 중동의 다른 민족 중에서는 이런 일은 다반사로 일어난다.

예를 들면 중세의 가톨릭 교회법에서는 아내를 때리는 것은 필요하다면 허용되고 있다.

영국에서는 15세기 말까지 법에 의해서 아내를 때리는 것을 장려하고 있었으며, 19세기에 와서는 아내를 매도하는 것도 허용되고 있다.

이것은 코머스 아디의『캐스터 브리지의 시장』을 읽으면

알 수 있다.

아내를 때린다고 하는 것은 다른 문화권에서는 비가 내리듯이 자연스러운 일이었다.

그러나 유태인의 사회에서는 고대부터 아내를 때린 자에 대해서는 엄중한 벌을 내려지게 되어 있었다. 또 아내가 소송을 제기하면 아내는 이혼을 할 수가 있었으며 남편으로부터 위자료를 받아낼 수가 있었다.

유럽에는,

「유태인이 굶주릴 때에는 그들은 노래를 한다. 그리스도교가 굶주릴 때에는 아내를 두들긴다」라는 오랜 속담이 있다.

이브는 아담이 잠들어 있는 동안에 신이 그의 갈비뼈 하나로 만들었다.

창세기에는 그렇게 쓰여 있지만, 고대의 랍비들은 어째서 남자가 여자를 구하고 여자가 남자를 사모하는 것인가에 관해 다음과 같이 설명을 했다.

남자는 자신의 갈비뼈를 되찾기 위해서, 여자는 자신이 생겨난 남자의 가슴으로 돌아가려고 한다. 그 힘이 서로 끌어당겨 남녀가 맺어진다고 생각했던 것이다.

최근에야 말로 미국에서 남편에 의해 법원에 호소, 그녀의 호소가 인정되었다고 하는 사건이 일어났는데, 이와 같은 일은 유태에서는 고대부터 존재하고 있었다.

곧 남편은 아내가 기분이 내키지 않은 때에 관계를 강요할 수 없다는 것이다.

소위 남편의 강간죄라고 하는 것이 유태의 율법 속에는 존재하고 있다.

마이모니데스는,

「여자에게 뜻이 없다면 남자는 자신의 욕구를 강요할 수 없다」라고 말했다.

유태인 사회에서는 이혼율이 극히 낮다.

그것은 유태인 남성이 상대 여성을 소중히 여기는 전통에서 나온 것이다.

예를 들면 유태의 남편들은 아내를 강간해서는 안 될 뿐만 아니라, 만약 관계를 맺을 때에는 충분히 오랜 시간에 걸쳐 전희를 베풀지 않으면 안 된다. 자기 혼자서만 클라이맥스에 달하는 것은 금지되어 있다.

그러나 유태의 전통 가운데는 남성 우선적인 면도 상당히 강하다.

특히 교육면에 있어서는 모든 남자 아이들은 6세가 되기까지에 성서를 읽지 않으면 안 되었지만 여자 아이들은 반드시 그렇지는 않았다.

예를 들어 1475년 로마의 유태인 사회에서는 『탈무드학교』가 여성을 위해 설립되었다.

그러므로 같은 시대의 다른 여성들과 비교해 보면 교육정도가 높았음을 알 수 있다.

전후 이스라엘에서는 세계 어느 나라보다 먼저 골다 메이어 같은 수상이 탄생 된 것을 기억하기 바란다.

그러나 동시에 유태인 여성들은 남성들이 공부하는 것을 돕고, 사업에 성공하는 것을 도와야 하며, 육아, 가사에 주력하는 것을 중요시하고 있다.

『탈무드』에는 다음과 같은 내용이 있다.

「신은 여자를 남자의 머리로부터 만들지 않으셨다. 이것은 남자를 지배해서는 안 되기 때문이다. 또 신은 남자의 발로부터 여자를 만들지 않으셨다. 그것은 남자의 노예가 되어서도 안 되기 때문이다. 왜 갈비뼈로 만들었는가 하면 언제나 남자의 가슴에 안겨 있는 것처럼 생각하기를 바라는 심정에서였다」

더욱이 창세기에 나오는 남자의 갈비뼈로써 여자가 만들어졌다고 하는 이야기는 결코 유태인에게만 전해오는 이야기는 아니다.

이와 같은 이야기는 폴리네시아인, 버마인, 시베리아의 타르타르인, 혹은 캘리포니아 주의 유키 새리난 인디언 등에도 공통된 전설이 있다.

그렇긴 하지만 어느 인류문화학자는 이와 같은 늑골로 여자를 만들었다는 전설은 그리스도의 선교사가 구약성서의 이야기를 전도 하는 가운데 그들의 전설 속으로 스며들어 간 것이라고 주장하고 있다.

그건 어찌 되었든 간에 남성에게 있어서 여성은 영원한 수수께끼이다.

여성만큼 다루기 힘든 것은 남자에게 있어서는 존재하지 않았음이 틀림없다.

『미드랏슈』에는 다음과 같은 이야기가 실려 있다.

알렉산더 대왕이 여자들만 살고 있는 지방을 침입하여 이 고을을 점령하려고 나섰다.

그러자 여자들이 뛰쳐나와 이렇게 말했다.

"만일 대왕께서 우리들을 죽인다면 온 세계는 당신을 향해 이렇게 말할 것입니다. 「대왕이 여자를 죽였다고!」 우리들은 당신을 향해 이렇게 말할 것입니다. 「어떤 대왕인가? 여자한테 죽임을 당한 자는!」이라고 말입니다."

이래서는 남자는 설 곳이 없다.

그래서 『탈무드』는 악처에 대한 경계의 말로써 다음과 같이 기록하고 있다.

「부모에게 있어 불행한 일은 어리석은 자식을 가진 것이고 남자에게 가장 불행한 일은 악처를 가진 것이다」

「폭우는 남자를 집안에 가두어 두지만 악처는 집밖으로 남자를 쫓아낸다」

성서에도 다음과 같은 말이 쓰여 있다.

「다투는 여인과 함께 큰 집에서 사는 것보다 움막에서 혼자 사는 것이 나으니라」(잠언 21장 9절)

「어진 여인은 그 지아비의 면류관이지만 욕을 끼치는 여인은 그 지아비로 뼈가 썩음 같게 하느니라」(잠언 12장 4절)

더욱이 『탈무드』에는 다음과 같은 말도 실려져 있다.

「어떤 남자에게 있어서는 악처는 가공하지 않은 돌과 같은 것이다. 석공이 돌을 사랑하듯이 좋아서 그와 같은 아내를 다루는 자도 있다」

질투는 천 개의 눈을 가졌다

여자는 질투심이 강하다.

사랑은 맹목적이라고 말하는데, 질투야말로 맹목이다.

그리하여 유태의 속담에 「질투는 천 개의 눈을 가졌다」는 말이 있을 정도이다.

여자의 질투도 감당키 어렵지만 남자의 질투도 좋지 않은 것이다.

유태인들 사이에 옛날부터 전해 내려오는 수수께끼에 이런 것이 있다.

"랍비님 당신은 모든 것을 다 알고 있으시니까 묻겠습니다. 만일 아담이 에덴에서 외박을 하고 아침에 돌아왔으면 이브가 어떻게 했을지 가르쳐 주십시오."

아무튼 에덴동산에는 아담과 이브만이 살고 있으므로 따라서 대답은 이렇다.

"이브는 아담의 갈비뼈 수를 해아 릴 것이요."

이브는 아담의 갈비뼈로부터 만들어졌으므로 만일에 갈비뼈가 모자라면 또 한사람의 여자가 생긴 셈이 된다. 하긴 질투에 눈이 멀었다 해도 이 정도로 합리성이 있다면 이것은 뭐 대단한 것은 아니다.

「사랑은 맹목이지만 질투는 맹목보다 더 나쁘다. 보이지 않는 것 까지도 보아버리니까」라는 속담도 있다.

질투만큼 무서운 것은 없을 것이다. 성서의 잠언은,

「분(忿)은 잔인하고 노(怒)는 폭풍과 같거니와 투기 앞에 누가 서리요」(잠언 27장 4절) 하고 경계하고 있다.

질투는 보이지 않는 것 까지도 보았다고 말한다. 성서의 창세기는, 인간은 신이 먹지 말라고 금한 금단의 열매를 따 먹음으로써 인간의 불행이 시작되었다고 쓰여 있다.

이 금단의 열매는 사실은 지식의 나무에 열려 있었던 것이다. 요컨대 인간은 아는 것에 의해서 불행하게 된다는 것을 경계하고 있는 것이다. 철저하지 못하게 안다는 것은 두려운 일이다.

그러한 지식으로써는 망상의 씨앗이 되기에 알맞다. 그리하여,

「질투에 미쳐버린 마음은 뼈까지 썩혀 버린다」이렇게 되어 버린다면,

「분노는 한없이 홍수처럼 넘쳐 나와 억제할 길이 없어져 버린다」고 하는 것이다.

그렇더라도 서로 사랑하는 두 사람의 경우에는, 질투도 애정의 기준이 된다는 것을 잊어서는 안 된다.

질투의 불도 다 사라져 버렸다면 이별의 날이 가까워졌다는 사실을 알아야 할 것이다. 그러므로 『탈무드』도 말하고 있다.

「시샘하지 않는 연인은 진심으로 사랑하고 있지 않는 것이다」

유태에도 중매인이 있다

　유태인에게 있어서 결혼은 신성한 것이다.

　우선 『창세기』 가운데는 「생육하고 번성하여 땅에 충만하라」(1장 29절) 고 신이 명령하고 있다.

　또 신은 남자가 어느 일정한 연령에 달하면 부모 곁을 떠나 아내를 맞아 들여, 한 몸이 되지 않으면 안 된다고 명하고 있다.

　즉 결혼을 하는 것은 남녀 모두가 신에 대한 의무라고 생각되었다.

　그리하여 『탈무드』는 18세가 되면 결혼해야 한다고 가르치고 있다.

　또 고대의 랍비들 가운데는 열네 살에 결혼해야 한다고 주장하고 있는 사람들도 있다.

　결혼에는 하나님이 개입하는 것이라고 오랫동안 생각해 왔다.

　조하루에 의하면 신은 하늘에서 혼을 만드실 때에 하나의 혼을 두 개로 나누어 남녀로 만들어 이 지구로 보내어 진다.

　그리하여 두 개의 것이 하나로 다시 원상복귀를 하려고 맺어지는 것이라고 말한다.

　유태인 사이에서는 오랫동안 '샤드쿤' 이라는 직업적 중매인이 활약해 왔다.

　이 중매인은 모든 마을이나 도시에 어떤 적령기의 총각이나 처녀가 있는가를 파악하고 있었다. 그리하여 그들을 서로 알맞게 맺어주는 일을 했던 것이다.

그러나 유태인에게 있어서는 신만이 가장 유능한 샤드쿤이라고 생각해 왔다.

탈무드를 비롯한 유태인의 오랜 책 가운데는 결혼을 찬양함과 동시에 그것을 즐거워하고 있다.

유태인의 사회에서는 며느리와 시어머니 사이의 분쟁은 적다고 한다. 왜냐하면 같은 지붕 밑에서 부모와 함께 사는 것을 금지하고 있기 때문이다. 앞에서 본 『창세기』에 나오는,

「부모의 곁을 떠나 아내를 맞아들인다」고 한 규정이 있다는 사실을 기억해 두기 바란다.

「젊은 남자가 결혼하면 그는 어머니를 떠난다」

「아침에 일찍 일어나는 것과 일찍 결혼하는 것은 나쁜 것이 아니다」

「결혼하면 죄가 감해진다. 여자 쪽이 빨리 결혼해야 한다고 말함은 여자가 남자보다도 죄가 많이 있기 때문이다」

「젊은 남자는 결혼하기 전까지는 부모를 사랑하지만, 결혼하고 나면 애정은 아내에게로 옮겨진다」

「살아 있던 남자가 '후베'에 들어가서는 시체가 되어 나온다」

이것은 결혼에 대한 꽤 인상이 나쁜 코멘트이다. '후베'는

유태인이 결혼할 때에 신랑 신부가 그 아래로 들어가는 캐노피(차일 같은 것)를 말한다.

유태인의 관습에는 남자 아이가 태어나면 삼나무를 심고, 여자 아이가 태어나면 소나무를 심는다.

그리고 두 사람이 결혼 할 때에 이 나무의 가지를 이용하여 캐노피를 만들게 되어 있다.

동양인이 배워야 할 것은 아이가 독립하여 장가를 들면 간섭하지 않는 채로 대등하게 대해야 한다는 사실이라고 하겠다. 아들의 독립을 중요시해야 하는 것이다.

나는 일본에 있던 시절에 라디오의 『인생 상담』프로를 종종 다루어 왔는데 시어머니와 며느리의 관계, 모자 관계에 관한 호소가 많았었다.

동양의 남자 아이들은 더 빨리 독립을 해야 하겠다고 생각했다.

조혼에는 함정도 있다

조용히, 그러나 중요한 변화가 미국 사회에서 진행되고 있다.

이것은 하나의 혁명이라고 해야 할 지도 모른다. 젊어서 결혼하는 사람들이 아주 증가한 것이다.

이것을 우습다고 생각하실 분이 있을는지는 모르지만 30년 전 나의 청년 시절에는 학부의 학생이나 대학원 학생이 결혼한 사람은 대단히 적어서 희귀한 존재 취급을 받았었다.

그러나 지금과 같은 이 극적인 변화가 어째서 일어났는가에 대한 사회학자의 분석에 따르면, 조혼은 행복감이나 안정감 등에 커다란 영향을 미치고 있는 것 같다.

나로써는 조혼이 바람직하다든가, 바람직하지 않다든가 하는 문제는 사실로써만 받아들일 뿐 아무래도 좋다.

그러나 조혼이 가져온 결과에 대해서는 크게 관심을 기울이고 있다.

우선 내가 걱정하는 바는 젊은이들이 상대를 선택할 즈음에 몇 가지 중요한 선택의 요소를 염두에 두지 않는 수가 많다는 사실이다.

예를 들면 성장 과정이 어떠했는가. 어떤 취미를 가지고 있는가. 종교를 포함하여 어떤 사고방식을 가지고 있는가 하는 것이다.

분명히 「사랑은 맹목이다」라는 말이 있다. 그런데 사랑이 모든 것을 극복하고 해결해 줄 것이라고 생각해 버린다면 큰 혼란이 생긴다.

두 사람의 사랑이 불타올라 제3자가 보기엔 아무리 보아도 순조롭게 진행될 것 같지 않은데도 두 사람에게는 함정이 전혀 보이지 않는다.

서로가 참고 나가면 행복한 결혼생활을 이끌어 나갈 수 있다고 속단해 버리는 것이다.

그 결과는 어찌될 것인가?

조혼이 실패로 끝나는 예는 놀라울 만큼 많다. 당신의 주변을 보아도 이러한 예는 많이 있을 것이 아니겠는가?

그런데 세간에서는 결혼하면 모든 문제가 해결된다 하더라도 또 새로운 문제가 생겨나고 있는 것이다.

나의 생각으로는 결혼 후 2, 3년이 가장 어려운 시기라고 생각한다. 이 시기가 지나면 결혼의 안정성도 만족감도 해마다 커지게 된다.

나는 여기에서 결혼이라는 항해에 얽혀드는 애로점을 몇 가지 들어 봄으로써 여러분이 무난히 항해를 할 수 있도록 도와 드리고자 한다.

첫째로 중요한 것은 상대를 충분히 이해하는 일이다. 로맨틱한 연애 감정으로 상대를 선택할 경우에는 결혼은 영속하지 못하는 수가 많다.

잠을 깬 현실감각을 지니지 않으면 안 된다. 이것은 기본적 조건이라고 할 수 있는 것이다.

예를 들면 결혼하고 나서야 비로소 상대방의 참 모습을 알게 되는 경우, 결혼 이전에는 사랑에 눈이 멀어 상대를 보더라도 핀트가 안 맞는 사진처럼 흐리게 보이는 경우가 많다.

나는 젊은 부부가,

"이런 사람과 결혼할 생각은 없었는데……." 라고 후회내지는 탄식을 하는 말을 몇 번이고 들었다. 이것은 말도 안 되는 실수이다.

결혼했다고 해서 인간의 기본적인 성격이 변하는 것은 아니다. 상대의 마음을 제대로 파악할 수가 없었던 것뿐이다.

이 단계가 결혼에의 첫 번째 도전이라고 하겠다. 서로가 상대를 잘 볼 수 있게 된 것이다.

상대가 잘 보이게 되었다는 것은 바로 말해서 상대도 자신을 잘 볼 수 있게 되었다는 것이다. 또 육체적으로 상대방을 충분히 알게 되었을 때에는 정신적, 심리적으로 잘 알게 되었다고 할 수 있을 것이다.

연애시절에는 서로가 될 수 있으면 상대에게 좋게 보이기 위해 최대한 노력을 한다. 누가 데이트를 하는데 수염도 깎지 않고 나갈 것인가?

또 여성이라면, 복장이나 머리, 얼굴에 최대한 위장을 하여 데이트에 대비할 것이 틀림없다.

그런데 일단 결혼을 하고 나면 이제 그런 것에는 개의를 하지 않고, 있는 모습 그대로 자신을 내 놓는 것이다.

분명히 두 사람의 사랑은 먼저 불꽃처럼 타오르는 상태로 시작된다.

그런데 결혼은 이런 충동적인 감정으로서는 유지될 수가 없다. 결혼 생활은 일상생활에서의 행동이나 언동이나 표정의 연속이다.

하찮은 일이 있는가 하면, 깊은 의미를 지닌 것도 있다. 그러므로 결혼하고 나서 야기될 것 같은 사태를 통찰할 필요가 있는 것이다.

나는 상대방을 진심으로 이해하기 위해서는 서로를 받아들여 긍정하는 것이 중요한 일이라고 말하고 싶다.

여기에서 수용과 긍정이라는 말을 설명하지 않으면 안 되겠다.

개인에게 있어 심리학적으로 가장 중요하고 유일한 것은,

'그' 또는 '그녀'가 자기 인생에서 최대의 가치가 있다고 하는 감각이다.

다른 경우에도 그렇다고 하겠지만, 결혼에 들어간 두 사람에게 있어서 서로간의 수용과 긍정은 한 번만의 행위로써는 표현 될 수 없는 성질의 것이다.

결혼한 사람들 특히 행복한 결혼을 보내고 있는 사람들은 몇 차례로 대답하기 힘든 것을 반복하여 "두유 러브 미?"라고 묻는다. 그리하여 긍정의 대답을 기다리는 것이다.

이것이 구미에서의 일반적인 피가 통하는 결혼이라고 하겠다.

그렇다고 해서, 나는 두 사람이 즐겁고 만족스런 결혼 생활을 보내기 위해 항상 긴장된 관계를 유지하라고 주장하고 싶은 생각은 없다.

오히려 두 사람이 마주하고 앉아 대화를 나누고, 서로간에 일을 돕고, 감사의 표시를 하도록 하라고 말하고 싶은 것이다.

이렇게 함으로써 권태나 절망의 심연으로 빠져 떨어지지 않고 두 사람의 사랑은 훌륭하게 열매를 맺을 수 있게 될 것이다.

제 아무리 두 사람의 사이가 확고하게 결합되어 있는 것처럼 보여도 역시 하루하루의 생활을 해 나가는 데는 갈등이나 오해가 반드시 생기게 될 것이다.

그럴 때에는 결혼이 시련을 받고 있다고 생각해도 좋을 것이다.

두 사람이 솔직하게 말할 수가 있게 되고 불화의 장벽을 뛰어 넘을 수가 있으면, 이와 같은 결혼에의 시련을 보기 좋게 통과할 수가 있다.

파탄은 갑자기 찾아오는 것은 아니다. 서서히 좀 먹어 들어가는 것이다.

젊은이들의 결혼이 결과적으로 실패로 끝나는 것은 대부분의 경우 예상치도 못했던 사태가 차례차례로 꼬리를 물고 생거나, 그 충격에 견딜 수가 없기 때문이다.

그러므로 정신적으로 충분히 대처해 낼 수 있게 되기까지 결혼은 신중한 편이 좋다.

이것은 꼭 미국의 젊은이들만을 위해서 하는 조언이 아니다. 이 나라의 청년들에게도 꼭 귀를 기울여 달라고 부탁하고 싶은 마음이다.

『탈무드』에서도,

「어차피 헤어질 바에는 결혼하고 나서보다는 약혼 중에 하는 편이 낫다」

「생활의 안정도 얻지 못하고 결혼하는 것은 어리석은 자의 짓이다」

「허니문은 일 개월, 트러블은 일생」

이라는 명언을 남겨주고 있다.

제4장

-웃음과 기지-

처음 모자를 눌러 쓴 사람은?

유태의 격언이나 속담 가운데는 마치 '수수께끼'와 같은 것이 많다. 그래서 의미하는 바를 쉽게 파악하지 못하는 경우가 많다. 예를 들면

「도둑놈의 머리 위에서 모자가 불타고 있다」는 속담이 있다.

나는 오랫동안 이 속담의 의미를 잘 알 수가 없었다. 이것은 이니쉬어의 속담이다. 어째서 불타는 것이 모자여만 했을까? 왜 모자가 불타는 것일까? 왜 도둑놈이 나오는 걸까? 어떠한 교훈이 포함되어 있는 것일까 하고 생각했던 것이다.

그러나 언젠가 동유럽에서 온 노인의 얘기를 듣고야 나는 그 의미를 비로소 알게 되었다. 그 노인의 설명은 다음과 같았다.

어느 날, 동유럽의 도시에서 유태인이 모자를 도둑맞았다.

그런데 이 모자는 어느 누구나 쓰는 그런 모자였다. 그가 주위를 둘러보니, 자기의 모자와 똑같은 모자를 쓰고 있는 사람이 몇 사람인가 눈에 띄었다. 모두가 똑같은 모자라서 도무지 찾아낼 길이 없었다.

그래서 그 유태인은 단단히 마음을 먹고서 이렇게 외쳤다.

"도둑놈 모자에 불이 붙었다!"

물론 제일 먼저 자기의 모자를 눌러 본 사람이 도둑놈이었다.

유머는 강력한 무기

유머를 중요하게 알라.

웃음이나 유머는 강한 자만이 갖추고 있는 것이다. 유머는 인간이 갖추고 있는 힘 가운데서 가장 강력한 것 중의 하나이다.

일본 사람들의 웃음은 아무래도 상대에게 비위를 맞추기

위해 사교적으로 웃어주는 일이 대부분이고 진정으로 마음으로부터 해방되어 웃는 일이 적은 것 같다. 이것은 해외에서는 '재피스 스마일'로 알려져 있다. 서양인들에게는 이와 같은 웃음 방법이 없기 때문에, 일본 사람은 불가사의한 미소를 띤다고 간주되어지고 있다. 혹은 일본 사람들은 속임수를 쓰기 위해 웃는 일이 많다.

하기야 동양에서는 웃음이 정당한 대우를 받지 못하고 있는 것 같다. 강인한 정신을 지니기 위해서는 자기 스스로의 웃음을 가질 필요가 있다고 생각된다.

동양인 사회는 유머는 때때로 진실이 결여되고 있다고 해서 배척당하고 있다. 예를 들면 진지한 회의석상에서 유머를 구사한다는 것은 그 자리에 어울리지 않는 것이라고 생각하고 있다.

웃음은 백약중의 왕이라 일컬어진다. 괴로울 때에 마음을 위로해 준다. 활기찬 웃음은 즐거운 것이다. 그러나 웃음이 간직하고 있는 힘은 이와 같은 것만이 아니다. 유효적절하게 그 유머를 다루면 인간에게 태어나면서부터 갖추어진 강대한 무기도 될 수 있는 것이다.

유머가 왜 우스운가 하면, 규격을 벗어나기 때문이다. 그러나 유머에는 그 이상의 힘이 있다. 규격으로부터 벗어난다고 하는 여유가 있음을 나타내주고 있기 때문이다. 처칠은 유머가 풍부했다. 그리하여 위기를 타개해 나가는 위대한 재상으로서 영국을 승리로 이끌 수가 있었던 것이다.

유머는 그 자리를 명랑하게 만든다. 그렇지 않고 블랙유머라면, 어둡게 만들는지도 모른다.

그러나 그것은 그대로 좋은 것이다. 우습기 때문에 명랑하게 만드는 것만이 아니다. 여유가 있다는 생각 때문에 사람들에게 여유를 갖게 해 주는 것이다. 이런 사람만이 어떠한 상황에 처해지더라도 여유를 가지게 된다.

그리고 고도의 유머는 지성으로부터 나오는 것이다. 정말로 세련된 유머, 시의에 적절한 유머는 지적으로 연마된 사람만이 말할 수가 있다. 그리고 상대방에게 지성이 갖추어져 있지 않으면 안 된다.

또한 유머는 매우 오리지널한 것이다. 두 번 같은 말을 반복해서 말하는 것은 사람에게 호소력을 갖지 못한다. 듣는 사람을 기습하는 듯한 신선함이 필요하다.

유머 정신이 있는 자는 자신에 대해서도 웃음을 가질 수 있는 여유가 있다. 진정으로 궁지에 몰려 있을 때에도 보통 사람들은 유머러스한 행동을 취하는 것이 불가능하다. 그러나 유머는 위기 속에 처해 있어도, 자신이 잠깐 동안만이라도 그 자리에서 한 걸음만 뒤로 물러서서 객관적으로 바라보며 웃을 수가 있는 사람이라면 도량이 넓고 강인한 사람이라는 것을 보여준다고 하겠다.

참으로 막다른 상황에 몰려서 전전긍긍하고 있는 사람에게 여유란 생겨날 수가 없다. 불굴의 정신이 유머를 낳는다. 어떠한 위기에 처하였더라도 거기에서 한 걸음 떨어져서 사물을 관찰 할 수 있는 사람은 좋은 해결책을 생각해 내는 일이 많을 것이다.

기운을 잃어서는 안 된다.

유머는 냉정을 잃지 않게 하는 약이다. 머리로 피가 완전히 올라가 버린 사람으로부터는 유머도, 웃음도 사라져 버린다. 유머의 효용은 크다.

유태인은 웃음과 유머를 항상 중요하게 생각해왔다. 유태인은 '책의 민족'이라 부르기도 하고 마찬가지로 '웃음의 민족'이라고도 해 왔다. 유태인의 역사를 통해서 저토록 가혹한 박해를 받아왔음에도 끈질기게 살아남아 온 것은 웃음의 효용을 알고 있었기 때문이다. 유태인들은 아무 궁지에 몰렸더라도 그것을 웃음으로 중화해 나갔다.

또 자신들에게 대해서도 충분히 웃을 수가 있었다. 즐거울 때는 물론이고, 괴로운 때야말로 웃어야 하는 것이다.

다른 민족에게는 조크가 주어지는 지위는 낮다. 조크는 일시적으로 기분을 풀 수 있는 것으로 생각되고 있다. 그러므로 기호품 정도로 밖에는 가치를 인정하지 않는다. 이 나라에서도 아마 그럴 것이다.

유태인은 웃음을 주식으로 생각하고 있다. 과연 헤브라이어에서는 영지와 조크는 같은 '호프자' 라는 말로 표현되고 있다.

로스차일드는 런던에서 영국의 왕궁에 발붙여 재산을 이루어 굴지의 부호가 되었는데, 그는 비자의 무기의 하나로 조크를 사용했다는 것은 유명한 이야기다. 그는 유럽대륙으로부터 가장 새로운 조크를 파발마와 경쾌한 범선을 이용하여 가져왔다.

새로이 도착된 조크를 늘어놓음으로써 궁정에서 인기를 얻어 성공의 실마리를 붙잡았던 것이다.

조크는 왜 우스운가? 하나의 예를 들어보자.

히틀러가 점성가에게 상담을 했다. 히틀러는 독재자로써 암살을 극도로 두려워하고 있었다. 그러자 점성가는,

"당신은 유태의 축제일에 암살을 당할 것입니다."

하고 말한다. 히틀러는 곧바로 친위대의 사령관을 불러,

"앞으로 유태인의 축제일에는 경비를 여느 때의 10배, 아니 50배로 하도록 하시오."

하고 명했다. 그러자 점성가는,

"아니 그것은 도움이 못됩니다. 당신이 암살당하는 날이

유태인의 축제일이 될 것이니까요." 라고 대답한다.

이 조크가 어째서 우스운가 하면, 그것은 모든 조크에 공통하고 있는 의외성이 있다고 하는 것이다. 우리들은 규격에 알맞은 생활을 하고 있으므로 의외성이 있는 사건이나 이야기와 부딪치게 되면 웃게 된다.

예를 들면 위엄을 갖춘 시장이 바나나껍질에 미끄러져 넘어졌다. 왜 우스운가 하면 의외이기 때문이다. 위엄을 가장하고 있는 시장이 뒹군다는 사실, 꼴이 사나우면 사나울수록 우습다. 종종 권위는 거짓된 꾸밈을 하고 있다. 그것은 뒹굴음으로써 위장이 벗겨지게 된다.

웃음은 반 반항적인 것이기도 하다. 어떤 일에 골몰하고 있으면 웃음이 나오지 않는다. 유태인은 권위를 항상 의심하는 것이 중요하다는 교육을 받고 자라왔다. 권위를 대수롭지 않게 여기는 것이 유태인의 힘으로 되어 왔다. 프로이트, 아인슈타인이 새로운 학설을 발견한 것은 그때까지의 학설의 권위를 의심했기 때문이다.

그리고 그들의 학설은 의외성이 있다.

조크나 유머는 창조력을 더 없이 높이는 훌륭한 도장이 되는 것이다. 그러므로 유태인은 아이들이 어렸을 때부터 웃음이 지니고 있는 힘에 대해서 가르친다. 불굴, 의외성, 권위를 인정하지 않는 정신을 몸에 배도록 한다. 유태인으로부터 성서를 빼앗아 버리면 유태인답지 않게 된다.

이와 마찬가지로 유태인으로부터 웃음을 빼앗는다면 유태인이 아닌 것으로 되어 버리는 것이다.

어쨌든 대상을 객관화시킴으로써 조크나 유머는 생겨난다.

그 속에 비판정신이 없다면 정말로 효과적인 조크나 유머가 될 수 없다. 소비에트의 반체제 파에 긴즈부르그 등의 유태계가 많은 것도, 또 미국의 현대 작가들 가운데 유태계 작가(필립 로스, 노만 메일러 등 다수)가 중심적인 위치를 점하는 것도 이러한 유태인에게 특유한 비판 정신이 그 저력으로 되어 있기 때문이다.

세 개의 관문

기지는 단순한 생각으로서는 좀처럼 떠오르지 않는다.

날마다 일상시의 훈련으로 연마되어야 한다. 이렇게 하여 연마되어진 기지는, 사람을 일약 재벌로 만들기도 하고, 행복하게도 만든다. 기지는 행복의 보물단지이다.

예루살렘에서 온 한 나그네가 여행도중, 어느 도시에 도착한 후 병이 들어 죽게 되었다. 그가 자신의 죽음이 가까운 것을 알고 신세를 진 집 주인을 불렀다. 나그네는 이 집의 주인을 신뢰하고 몸에 지닌 것이나 귀중품을 맡기며 다음과 같이 유언을 남겼다.

"만약 내 아들이 예루살렘에서 찾아와 세 번의 기지를 발휘한다면 맡겨 놓은 물건을 아들에게 인도해 주십시오. 아들이 그런 예민한 기지를 발휘하지 못한다면 당신이 그것을 가지십시오."

얼마 후 이 나그네는 죽었다. 이윽고 그의 아들이 이 도시에 도착했다.

그 도시어귀에 들어서자 그 마을 사람들에게 아버지가 폐를 끼치게 된 집을 수소문하여 주소를 물었다.

그러나 어느 누구도 그 사람이 어디에 살고 있는지 대답해 주지 않았다.

거기에 때마침 큰 나무 짐을 짊어지고 오는 사람이 지나갔다.

"그 나무를 팔지 않으렵니까?"

하고 아들은 물었다.

"좋지요."

라고 그는 대답을 했다.

"이게 대금입니다."

하고 젊은이는 말하고, 그 나무를 이 마을에 있는 상가 집으로 가져가도록 부탁했다.

아들은 나무를 둘러맨 사람을 따라 감으로써 드디어 찾아 해매 던 그 집에 도착할 수 있었다.

이것이 우선 첫 번째 현명한 기지였다.

그는 돌아가신 아버지의 아들임을 스스로 소개하고 주인으로부터 따뜻한 영접을 받았다. 그리고 나서 가족들과 함께 식사를 하게 되었다.

이 집에는 주인 외에 부인과 두 아들, 그리고 두 딸이 있었다.

식탁에는 로스트치킨 다섯 마리가 차려져 있었다. 주인은 손님에게 치킨을 나누도록 부탁했다.

"제가 나누다니요...... 이거 죄송합니다."

하고 젊은이는 사양을 했다.

그때 주인은 이렇게 대답을 했다.

"천만에, 그런 말씀 마시고 자 어서......"

그리하여 젊은이는 치킨을 나누게 되었다.

그는 한 개의 치킨을 주인 부부에게 나누어 줬다. 다음 치킨도 두 아들에게 나누어 줬다. 마찬가지로 다음 것을 두 딸에게 나누어 주었다. 그리고 나머지 두 개를 자기 몫으로 놓았다.

일동은 먹기 시작했는데, 손님의 이 엉뚱한 행동에 아무도 무슨 말을 하는 사람은 없었다.

이것이 두 번째 현명한 기지였다.

저녁때에는 삶은 암탉이 나왔다.

그런데 주인은 또 손님에게 이 암탉을 나누도록 부탁했다.

이번에는 그 머리 부분을 주인에게, 내장은 아내에게, 다리는 두 아들에게, 날개 죽지는 두 딸에게 그리고 몸통부분은 자기가 가졌다.

이것은 세 번째 현명한 기지였다.

"이런 방법으로 예루살렘에서는 나눕니까?" 하고 주인이 물었다.

"점심 때에는 아무 말씀도 드리지 않았습니다만은 이번에는 꼭 물어보고 싶다고 생각되어……."

"저는 마음이 내키지 않았습니다만 아무래도 좋다고 말씀하셨기 때문에…… 그럼 나의 방법을 설명해 드리죠.

낮에는 7사람에 다섯 마리의 치킨을 나누어야 했습니다. 나누기에 대한 근거는 이렇습니다. 주인과 부인 그리고 치킨 한 마리로 모두 셋이 됩니다. 또 아드님 두 분에 치킨 한 마리로 셋이 됩니다. 따님 두 분에 치킨 한 마리로 셋이 됩니다. 그리고 나와 치킨 둘이면 셋이 되어 모두 공평하게 나누어진 것입니다. 다음에 저녁식사 때입니다. 나는 우선 주인님께 머리를 드렸습니다. 이것은 주인님께서 이 집의 가장이기 때문입니다. 부인께 내장을 드린 것은 부인이 풍요로움의 상징이기 때문이요, 또 아드님에게 다리를 드린 것은 두 사람이 이 집의 기둥이기 때문입니다. 따님들에게는 날개를 드렸는데 이것은 장차 이 두 분이 출가하여 남편의 집에서 생활하기 때문입니다. 나는 몸뚱이 부분을 먹었습니다. 이것은 내가 배로 여기에 와서 돌아가는 길에도 배로 돌아갈 것이기 때문입니다."

"훌륭하군요. 과연 당신은 내 친구의 아들이오."

주인은 이렇게 말하고서 꾸러미 하나를 내밀었다.

"이것이 당신에게 남겨 주신 유산입니다. 당신의 집에 번 영이 있기를……"

유태인은 세련된 해학의 민족

인간의 가치는 비밀을 얼마만큼 잘 지키는 가로 측정할 수 있다.

그 사람이 인정이 있는가, 신뢰성이 있는가를 테스트할 수 있는 것이다.

일단 비밀을 지니면 누구나 그 비밀을 이야기하고 싶어지 는 것이 인간의 심정이다. 비밀을 알고 있음으로써 사람의 주목을 끌 수가 있다.

어느 누구나 비밀을 좋아하며 어느 누구든 남의 주목을 끄는 인물이 되고 싶어 한다. 비밀을 말할 때에 인간은 주목을 끌게 되므로 위대해 보인다.

그러나 남으로부터 들은 비밀을 다른 사람에게 이야기한다는 것은, 이야기하는 상대를 신뢰하고 있는 듯이 행동하더라도 비밀을 밝힌 상대의 신뢰를 배신하는 결과로 된다.

이븐 가비롤 이라는 랍비는,

"비밀은 당신의 손안에 있는 한 당신이 비밀의 주인공이지만 입으로부터 나와 버린 후에는 당신이 비밀의 노예가 된다." 고 쓰고 있다.

"세 사람 이상이 알고 있는 비밀은 이미 비밀이라고 부를 수 없다."

"만약에 당신이 세 사람에게 비밀을 이야기하면 바로 옆 사람이 비밀을 알게 된다."

"비밀을 듣는 것은 쉽지만 자기에게 간직해 두는 것은 어렵다."

"술이 들어가면 비밀은 나간다."

"어리석은 자와 아이들은 비밀을 지키지 못한다."

"당신의 친구들은 또 친구들을 갖고 있다."

이런 비밀을 경계하는 말 가운데서 내가 좋아하는 말은,

"비밀이라는 술을 마시면 혀가 춤을 추므로 주의하십시오."

라고 한 말이다.

외국에서도 「입은 화의 근원」이라는 말이 있다.

유태인은 지나치게 해학을 중요시한다.

아마 어느 민족보다도 이것들을 중요시한다.

그러므로 유태인은 조크나 수수께끼를 중요하게 여겨왔다.

조크나 수수께끼는 머리를 단련하는 숫돌이라고 말해 왔다.

이러한 것은 의외성이 있기 때문이다.

그리하여 자녀들이 철이 들게 되면 저녁 식탁 앞에서 아버지가 여러 가지 수수께끼를 낸다.

그리고 성인이 되어서도 조크를 나눈다.

조크는 웃음을 가져오는 것만이 아니다. 이것은 의외의 반전효과가 있으므로 두뇌의 활동을 민첩하게 해 준다.

이것이 두뇌라고 하는 기계에 넣어 주는 기름이라고 생각하면 좋을 것이다.

그래서 유태인은 가벼운 이야기나 조크 등을 특별히 즐겨왔다.

『미드랏슈』에는 이런 전형적인 이야기가 있다.

어떤 돈 많은 유태인이 병이 들었다. 그는 자신이 죽음이 가까운 것을 알았으므로 유서를 구술시켰다.

이 유서는 두 가지 면으로 되어 있었다.

"이 유서를 나의 아들에게 전해주는 충실한 노예에게, 나의 전 재산을 남긴다. 내 아들 유에아 에게는 나의 모든 소유 가운데 단 한 가지만을 유산으로 선택해 주기로 한다. 한 가지만 선택하게 하십시오."

그리고 이 유태인이 죽자, 노예는 이 유서를 랍비에게 보였다.

랍비는 노예와 함께 아들에게로 갔다. 랍비는 이렇게 말했다.

"당신 아버지는 당신에게 오직 한 가지 물건 밖에 남겨 주지 않았소. 나머지 모든 것은 노예에게 주라고 하셨소. 당신은 무엇을 선택하시겠습니까?"

그러자 아들은,

"그렇다면 이 노예를 내가 상속받기로 하지요."

하고 말했다.

아들은 이 노예를 소유함으로써 아버지의 재산을 모두 물려받게 되었다.

죽은 부친이 그렇게 쓰지 않았더라면, 노예는 그 재산을 제 맘대로 처분해 버렸을 것이고 아들에게 전해주지도 않았을 것이다.

자기의 집 뜰을 파도록 하라

어떤 사나이가 랍비를 찾아와 오랫동안 살던 도시로부터 이사를 갈 생각인데, 무언가 조언을 해 주었으면 좋겠다고 부탁했다.

랍비는 다음과 같은 이야기를 그 사나이에게 들려주었다.

베를린에 사는 유태인 사나이가 어떤 쓰레기장에 보물이 묻혀 있어, 그가 파내는 것을 기다리고 있던 꿈을 몇 번인가 꾸었지요. 그래서 그는 아침 일찍 일어나 집을 나오자 곧 쓰레기장으로 가서 주의해서 파내기 시작했습니다. 그러나 그는 아무것도 값이 나갈 만한 것이라고는 찾아내지 못했습니다.

그곳에 쓰레기장 주인이 찾아와서, 왜 이런 곳을 파고 있느냐고 물었다. 그 사나이의 설명을 듣고 주인은 큰 소리로 외쳤다.

"나는 베를린에 사는 어떤 사나이의 집 뜰에 보물이 묻혀 있는 꿈을 몇 번이나 꾸었다오."

쓰레기장의 주인은 꿈에 본 베를린에 산다는 어떤 사나이의 이름까지도 털어 놓았다. 그런데 이게 웬일인가, 그 이름은 바로 유태인 자신의 이름이 아닌가.

사나이는 재빨리 집으로 돌아가 뜰을 파 뒤집어 봤다. 그러자 아니나 다를까 자기 집뜰에 보물이 나왔던 것이다.

"아시겠어요? 하고 랍비는 말했다.

"때로는 자기 집의 뜰에도 보물이 묻혀 있을 수가 있는 거예요."

이 이야기는 우리 모두에게 도움이 되는 일화일 것이다.

자기나라 특유의 우수한 전통이나 문화를 업신 여기고, 무엇이든지 외래품이 좋다고 믿는 사람들이 많다.

나는 이제까지의 저서에서 몇 번인가 이 테마에 대해 이야기해 왔지만, 다시 한 번 이 나라 국민들에 대한 충고로써 이 한 페이지를 드리고 싶다고 생각한다. 그것은 우리 몸 가까이에 있는 보물을 잊지 말라고 부탁하고 싶다.

최근 일본인 친구로부터 보내 온 신문에 의하면 일본의 ITT 인 국제 전신전화 회사는 사원을 시켜 외국여행을 할 때에 보석류를 사오도록 했던 모양이다.

내가 일본에 있던 무렵부터 일본 사람들은 면세품 판매장에 쇄도하여 외국 제품을 사들이고 있는데, 회사까지도 합세하여 이런 매점 행위를 하고 있다는 것은 놀라운 사실이다. 이러한 것은 도저히 동양권 이외의 나라에서는 생각할 수도 없는 일이다.

결국은 일본 사람들의 외제품 기호라는 정신풍토가 고쳐지지 않는 한 제 2, 제 3의 KDD사건이 일어날 것은 뻔한 사실이다.

이러한 것은 도저히 동양권 이외의 나라에서는 생각도 할 수 없는 일이다.

「임금의 식탁에 앉고 싶다고 생각해서는 안 된다. 자기 집의 식탁이 훨씬 훌륭하다. 당신이 그곳에서는 임금이기 때문이다」

제5장

-어리석음-

자만심은 우매와 통한다

자만심만큼 추악한 것은 없다. 유태의 속담에,
「태양은 당신이 없어도 떠오르고 진다」는 말이 있다.
자만을 하면 인간은 겸허함을 상실한다.
자기를 개혁하고자 하는 마음이 없어져 버린다. 자만하면
과오를 범하기 쉽다. 그러므로 『탈무드』는 자만을 죄라고 규
정하지 않고 자만은 어리석음이라고 규정했다.
또 과잉의 자기혐오도 자만의 일종이다.
주위의 사람들이 자신에게 그렇게 관심을 보이고 있는 것

이 아님에도 자신이 세계의 중심이라고 생각하는 데서 과잉의 자기혐오가 생겨난다.

이것은 허세의 한 다른 면과도 같은 것이다.

자기 자신만으로 만족을 하고 있는 사람 속에서는 신은 살 곳이 없게 된다. 타인을 칭찬하기 전에 자신을 칭찬해서는 안 된다.

이와 같이 자만심을 경계하기 위해 유태인은 자녀들에게 성서의 창세기를 가르친다. 창세기에는 인간이 가장 나중에 만들어졌다.

처음에 신은 빛과 어둠을 나누고, 하늘과 땅을 그리고 물과 육지를 나눴다. 그러고 나서 동물이 창조되었으며 맨 나중에 아담이 창조되었다. 그러므로 인간보다는 벼룩이 먼저 창조되었다는 사실을 알면 인간이 뽐 낼 것은 하나도 없는 것이다.

긍지와 자만은 분명히 분간되지 않으면 안 된다.

긍지는 건전한 것이지만 자만은 병이며, 무엇보다도 어리석음이다. 스스로 자신을 칭찬하기 전에, 남에게 칭찬을 받는 인간이 되어야 한다.

고대의 유태에서는 예시바(학교)에서 1학년은 '현자' 라 불렸고 2학년은 '철학자' 라 불렸다. 그리고 최종 학년인 3학년이 되어서야 비로소 '학생' 이라 불렸다.

이 사실은 겸허하게 사람들로부터 배우는 자가 가장 지위가 높으며, 학생으로 되는 데에는 몇 년인가 수업을 쌓지 않으면 안 된다고 생각했기 때문이다.

이 이야기는, 오늘날에도 예시바에 들어오는 학생들에게 가르친다.

우리나라의 학생들에게도 참고가 될 것이다. 겸허해야 하는 엄숙함을 『탈무드』는,

「현인이라 하더라도 지식을 자랑삼아 뽐내는 자는 무지를 부끄러워하는 어리석은 자 만도 못하다」

라고 경계하고, 자만의 위험에 대해서는 「돈은 자만에의 지름길, 자만은 죄에의 지름길」이라고 경고하고 있다. 동양에서는,

「보물은 숨기고 없는 듯이 가장하라」는 명언이 있다.

생활상을 너무 사람에게 보이지 않는 편이 현명하다는 것은 두 말 할 나위도 없다.

어리석음에 대한 교훈

여기에 인간의 어리석음을 전하는 이야기가 있다.

첼룸이라는 도시가 있었다. 옛날 어디에서나 볼 수 있는 작

은 도시였다. 따라서 역사상에 이름이 남겨질 것 같은 도시도 아니었다. 다만 이 도시는 커다란 문제를 안고 있었다.

이 첼룸으로 통하는 길은 험악한 산 중턱에 치우친 가느다란 꾸불꾸불한 위험한 길이었다. 늘 도시 사람들이 산 중턱에서 떨어져 부상을 입는 사람이 많아서 이것이 도시 사람들로서는 골치 아픈 문제였다.

식료품 장수가 언덕에서 떨어져 식료품을 가져오지 못했을 때에는 이 도시에 심각한 식량난을 가져왔다. 또 우편집배원이 벼랑에서 발을 헛디뎌 편지를 잃었을 때에도 마찬가지였다. 우유 배달부가 갓난아이의 우유를 벼랑에서 엎질렀다는 사건이 일어났을 때에는 도시의 장로들이 모여 대책을 강구하지 않을 수 없었다.

이런 일이 계속된다면 시는 곧 마비되어 버릴 상태였다

장로들은 모여서 머리를 짜냈다. 아무튼 어떤 대책을 강구해야만 했다. 중구난방으로 의견이 속출됐다.

밤낮을 가리지 않고 엿새 동안 의견을 교환한 끝에 사바스가 찾아오게 된 때에야 겨우 일동은 결론에 도달했다.

독자여러분은 어떤 결론이 나왔으리라 생각하는가?

장로들은 언덕 밑에 병원을 짓기로 했던 것이다.

이 이야기는 아무리 오랜 시간을 두고 논의한다 하더라도 입이 있으니 말한다는 식의 의논이라면 유효한 대응책이 나오지 않는다는 것을 가르쳐 주고 있다.

병원을 짓는다고 하더라도 변함없이 생선 장수건, 우편집 배원이건, 우유배달이건 꼭 같은 사고를 일으킬 것이기 때문이다.

유태의 격언 가운데는 「어리석은 사람의 어리석은 짓을 테마로 삼는 것이 많다. 그러나 그것들을 어리석은 사람들을 신랄히 비웃는 것은 오히려 적고, 따뜻한 인정이 느껴지는 것이 특색이다」

「어리석은 자는 한 시간에 현자가 1년을 걸려도 대답해낼 수 없는 질문을 한다」

「구세주가 찾아왔을 때 병자는 모두 치료를 받았다. 그러나 어리석은 자를 현자로 만드는 일은 못했다」

「현자는 우자로부터 교훈을 찾아낼 수는 없다」

「어리석은 자라도 돈만 있으면 왕후와 같이 취급된다」

「어리석은 자를 가르친다는 것은 밑 빠진 독에 물을 담는 것과 같다」

「어리석은 자라도 침묵을 지키고 있으면 성인과 같아 보인다」

날개의 사용법을 모르는 새

『탈무드』에는 창세기에 대한 토막 이야기들이 실려 있다.

하나님이 처음에 새나 짐승을 만들 때에 새는 그때 날개가 없었다. 그래서 새는 하나님한테로 가서 적으로부터 자신을 지키는 것을 가지고 있지 않는데 대한 고충을 이야기했다.

"뱀은 독을 가지고 있습니다. 사자는 날카로운 이빨을 갖고 있습니다. 말은 뒷발이 있죠. 그러나 저에게는 아무것도 없습니다. 자신을 어떻게 해서 지키면 좋겠습니까?"

신은 새의 고충도 지당한 말이라고 생각하여 깃과 날개를 주었다. 그러나 얼마 후 새는 다시 돌아와서 어려움을 다시 호소했다.

"날개는 쓸모없는 것이 돼서 무거운 짐만 될 뿐입니다. 날개를 몸에 달고 있기 때문에 이전처럼 빨리 달릴 수가 없습니다."

"어리석은 새여……." 라고 하나님은 말했다.

"네 몸에 있는 날개를 사용해 볼 생각도 못했단 말인가? 너에게 두 개의 날개를 준 것은 무거운 짐으로써 짊어지고 걸으라고 한 것이 아니라 날개를 이용하여 하늘 높이 날아서 덮쳐 오는 것으로부터 자유로이 하늘을 도망치라고 준 것이니라."

인간은 이따금 자신이 능력을 부여받지 못했다는 어리석은 불평을 한다. 그런데 인간은 자신에게 주어진 능력을 충분히 사용하고 있지 않는 수가 많다. 그 가장 좋은 예가 머리이다.

근대 의학으로서도 인간은 뇌세포의 극히 적은 일부분 밖에는 사용하고 있지 않다고 말하고 있다.

『창세기』에서 새의 이야기는 머리를 쓰라고 하는 비유로 흔히 사용된다.

자신이 가난하다든가, 학력이 없다든가, 연줄이 없다고 해서 탄식해서는 안 된다. 그래서는 이 이야기에 나오는 새처럼 되어 버린다.

당신에게는 몸도 있으며 머리도 있다. 그리고 어느 누구에게나 평등하게 주어진 시간도 있다. 아인슈타인은,

"현재는 어떠한 때인가? 그것은 항상 새롭게 출발할 수 있는 때이다."

라고 말하고 있다. 살아있는 한 하늘은 우리들에게 항상 '현재'를 제공해 주고 있는 것이다.

아인슈타인은 『탈무드』의 애독자였다고 한다. 그는 종종 『탈무드』를 베껴 쓰곤 했는데, 그가 남긴 노트에는,

「현재는 항상 미래의 출발점이다」라고 쓰여 있었다.

인간은 종종 자신의 실패를 다른 사람의 탓으로 돌리고 있으며, 자신이 아무것도 갖고 있지를 못하다는 핑계를 하여 만족해 버리는 것이다.

그러나 그러기 전에 자신이 갖고 있는 것을 점검해 볼 필요가 있다. 누구든지 많이 갖고 있는 사람일수록 별로 그것을 활용하지 못한다. 그것을 활용하느냐 못하느냐에 따라 성공, 실패가 달려 있는 수가 많다.

의욕·용기·자신을 제어하는 의지·인내력·지지 않으려는 투혼 같은 것들이다.

이와 같은 활용방법을 익히면 인간은 얼마든지 유용하게 이용할 수 있는 많은 무기를 갖고 있는 것이다.

말이 많으면……

언젠가 이웃집에 재잘거리기를 좋아하는 여인이 살고 있었다.

수다쟁이, 허풍쟁이라고 불리는 주부였는데, 도가 지나쳐서 견디다 못한 이웃 주부들이 모여 랍비에게 상담을 하러 가게 되었다.

"그 사람은 허풍이 너무나 심해서 피해를 입어요." 하고 한 여인이 말했다.

"그 여자는 개미를 보면 황소를 보았다고 할 정도로 허풍을 떨고 다니면서 여기저기서 떠벌려 대지요."

그러자 또 한 여인이,

"그 사람은 말이죠. 매일 아침부터 목욕을 하고 남편이 출근하고 나면 낮잠만 자고 있다가 수다를 떨고 다닌답니다."

라고 호소했다. 또 한 여인은,

"그 수다쟁이 여자는 나하고 만날 때마다, 「아유, 부인은 어쩜 그렇게 곱지요」라고 말하지만 다른 사람에게는 나이에 어울리지 않게 젊어지려고 생 멋을 부린다고 떠벌리고 다닙니다."

랍비는 한 사람, 한 사람이 호소하는 말에 신중히 귀를 기울여 들었다. 여자들이 돌아가자 심부름꾼을 보내 그 수다쟁이 여인을 데려오게 했다.

"당신은 어째서 이웃 사람들에 대해 이러 쿵 저러 쿵 말을 만들어 떠벌려 댑니까?"

하고 물었다. 그러자 그녀는 싱긋이 웃으면서,

"특별히 제가 말을 만들어내는 건 아니에요. 굳이 말한다면 실제보다 약간 과장해서 말하는 버릇이 있는지는 모르겠지만요. 어쩌다 사실에 가까운 것이 아닌 게 있을지도 모르지만 다만 이야기를 좀 재미있게 하고 있을 뿐이라고 생각합니다. 나는 조금 말을 많이 하는 편일지도 모르겠어요. 내 남편도 그런 말을 하니까요."

랍비는 잠깐 생각을 하더니만 일단 방을 나가서 커다란 자루를 가지고 들어왔다. 그리고 여자에게 이렇게 말했다.

"당신은 자신이 말이 많다고 인정을 했소. 그러니까 좋은 치료방법을 생각해 봅시다."

랍비는 그녀에게 그 커다란 자루를 주면서 말했다.

"이 자루를 가지고 광장까지 가십시오.

광장에 도착하면 자루를 열고, 이 속에 들어있는 것을 길바닥에 늘어놓으면서 집으로 돌아가십시오. 집에 도착하면 다시 늘어놓은 것을 주워 담으면서 광장으로 가십시오."

여자가 자루를 받아 드니 자루는 가벼웠다.

도대체 이 속에 무엇이 들어 있는 것일까 하고 그녀는 궁금해 했다. 그녀는 광장으로 발걸음을 재촉했다.

광장에 도착해서 자루를 열어보니, 그 속에는 새털이 잔뜩 들어있었다.

맑게 게인 가을날에 미풍이 살랑살랑 불고 있었다. 그녀는 랍비가 시킨 대로 새털을 길가에 늘어놓으면서 집으로 돌아갔다. 집까지 도착하니 자루는 빈자루가 되었다.

이번에는 빈 자루를 가지고 집을 나서 길에 늘어놓은 새털을 주워 담으면서 광장으로 가려고 했다. 그러나 새털은 바람결을 타고 여기저기로 날아 다녔다.

그녀는 랍비에게로 돌아가 새털을 늘어놓았지만 몇 개 밖에는 줍지를 못했다는 사실을 이야기했다. 랍비는,

"그렇겠죠." 라고 말했다.

"험담이라는 것은 저 자루 속의 새털과도 같은 것입니다. 한 번 입으로부터 나오면 다시 되돌려 담을 수가 없습니다."

이 랍비의 기지에 의해서 그 여인의 괴벽은 고쳐졌다.

그럼 여기에서 유태 현인들의 가십에 관한 명언을 들어 보기로 하자.

「떠들어 대기를 좋아하는 혀는 손버릇이 나쁜 사람보다 더 곤란하다」

「유령을 만났을 때 도망치듯 험담으로부터 도망치십시오」

「험구가 심한 사람이 없어진다면 분재의 불씨는 사라진다」

「미담도 전해지는 가운데 악담으로 변해간다」

「소문은 친구 사이도 금이 가게 한다」

「'험담' 이것은 자연의 전화이다」

「보지 못한 사실은 입에서 발설하지 말라」

『기도』란 자신을 저울질하는 것

유태인은 시나이 반도에서 신과 계약을 맺었다. 유태인의 사고방식으로는 사람은 순종해야 함과 동시에 신에 대해 독립해 있는 존재라고 생각하고 있다. 그러므로 신과 계약을 맺을 수가 있는 것이다.

『탈무드』는,

「이성은 신과 인간의 중개자이다」라고까지 말하고 있다.

유태인에게 있어서는 신은 결코 맹종의 대상은 아니며 권위에 맹종하는 것은 유태인이 가장 경멸하는 것이다.

그런데 헤브라이어에서는 신에게 기도한다고 할 때의 '기도'에 해당하는 말은 '히트파렐'이다. 이것은 유럽의 모든 나라들의 말에 있는, 예를 들면 영어의 「프레이」와는 다른 것이다.

「프레이」는 '신에게 부탁한다'든가 '신에게 빈다'는 의미이다.

그러므로 타인의 힘에 의존하는 것이 되기 쉽다. 다만 신에게 매달리기 위해 하는 기도로써는 휴식한다는 정도 밖에 기대할 수가 없다. 더욱이 기도라는 것은 스스로에게 겸허함을 강요한다는 좋은 면이 있는 것이다. 그리고 언제나 감사의 기분을 안고 있다는 것도 중요하다.

『탈무드』는,

「스스로 할 수 있는 일은 신에게 기도해서는 안 된다」

하고 경계하고 있다. 사실은 기분 전환을 위해 기도를 하고 있는데도 진지하게 되는 것은, 어린 여자아이가 인형을 여기는 것과 비슷하다고 볼 수 있다.

어린 여자애는 가끔 인형을 너무 중요시한 나머지 진짜 애기로 다루는 일이 있다.

'히트파렐'은 스스로를 평가한다. 혹은, 자신을 저울질해 본다고 하는 의미가 있다.

하나님의 기대에 자신이 어느 정도 부응했는가, 얼마만큼 세계를 좋게 만들었는가, 하는 것을 스스로 평가해 보는 것이다. 인간은 신에게 기도하는 유일한 동물이다. 그러나 자신이 구하고 있는 것, 갈망하고 있는 것을 이야기했다고 해서 그것이 진정한 기도가 되는 것은 아니다.

그래서는 에고이즘에 신이라는 오름의 향수를 뿌린 결과가 되어 버릴 따름이다.

스스로 경의를 표하도록 만듦으로써 비로소 신은 만족한다. 인간관계에 있어서도 그와 마찬가지라고 말할 수가 있겠는데, 스스로 경의를 표하도록 자신을 창조함으로써 비로소 주위의 사람들로부터 경의를 받을 수가 있는 것이다.

「자신의 춤이 서툰데도 그것을 악당의 탓으로 돌린다」는 것과 같은 사람이 되어서는 타인으로부터 존경을 받을 수가 없게 되는 것이다.

말하기 보다는 듣기를 배로 하라

「말을 너무 해서는 안 된다. 말하기보다 듣기를 두 배로 하라」

이것이 『탈무드』가 가르치는 교훈이다. 또 『탈무드』는 이렇게 말한다.

「신은 어째서 인간에게 두 개의 귀를 만들고, 입은 한 개밖에 만들지 않았던 것일까! 그것은 말하기보다 듣기를 두 배로 하라는 가르침이다」

「행복하게 살아가고자 생각한다면 코로부터 신선한 공기를 잔뜩 들이 마시고 입을 다물고 지내십시오」

어느 것이나 다 현명한 자는 자신의 지성을 감추고, 어리석은 자는 어리석음을 드러낸다고 하는 경계이다. 흔히 말하기를,

「입은 화의 근원이다」라고 말한다. 주위를 둘러보면 말을 잘 하는 사람보다도 듣기를 좋아하는 사람이 존경을 받는다. 듣기를 잘하는 사람은 지성을 드러내고 있으며 항상 떠들썩하게 자기주장을 하는 자는 어리석음을 나타내고 있다. 그러므로 「현자가 미소 짓는 것을 어리석은 자는 소리 내어 웃는다」고 말하는 것이다.

말하는 방법에도, 미소 짓는 것 같은 방법과 요란스럽게 웃

어대는 방법이 있다.

만일 침묵이 현자에게 커다란 이익을 가져온다면 보통의 사람에게 있어서는 어느 정도의 이익을 가져다 줄 것인가? 어느 누구든지 인생을 뒤돌아본다면 잠자코 있었던 일을 후회하기 보다는 말해 버린 일을 후회하는 편이 훨씬 많다. 자신의 혀에게 침묵을 가르친다는 것은 인생에 있어 많은 득이 된다. 『탈무드』는,

「보물과 같이 자기의 혀를 소중히 취급하십시오」

라고 경계하고 있다. 「침묵은 금, 웅변은 은」이라고 말하는 것은 이 때문이다. 침묵은 지성인이 걸친 황금의 갑옷이다.

물론 필요할 때에는 충분히 자기를 주장하고 표현하지 않으면 안 된다. 그러나 이야기를 하는 것보다 침묵하는 것을 익히기가 더 어려운 것이다.

인간은 누구나 말을 하고 싶은 욕망을 갖고 있다. 그래서 너무 말을 잘하는 인간은 타인의 그와 같은 욕망을 억제하게 된다.

그 결과 나중에 후회할 만한 말을 하지 않았다 하더라도 상대에게 기쁨을 준 행위는 아니었다.

혀는 칼에 비유되기도 한다. 주위에서 다루지 않으면 사람을 상처 낼 뿐 아니라 자신도 상처를 입게 된다. 능숙한 검술처럼 되지 않으면 안 된다.

훌륭한 검술가는 칼을 정말로 필요한 때 이외에는 빼지 않는 것이다.

혀는 눈이나 귀와는 다르다. 눈이나 귀는 우리들의 의지에 의해서 선택해서 보거나 듣는 것이 아니다. 그러나 혀는 자신의 의지에 의해서 완전히 조종할 수 있다는 사실을 명심해야 할 것이다.

그러므로 혀는 원래 훈련이 가능한 것이다. 어리석은 자에 대해 "저 녀석은 너무 말이 많다." 라고 말하는 수가 많다. 사람은 술을 너무 마시거나, 음식을 너무 많이 먹거나 하는 데 대해서 더러 주의하지만, 말을 많이 하는데 대해서는 그만큼 신경을 쓰지 않으므로 똑같은 위험에 빠진다.

『탈무드』는,

「말은 당신의 입 속에 있는 동안 당신은 말의 주인이지만, 말이 입 밖으로 나가 버린 후는 그 말의 노예가 되어 버린다」 고 말하고 있다. 또,

「입은 문과 같은 것이다」라고 말하고 있다.

문은 필요한 때에 열어야만 하는 것인데 언제나 열어 놔두어서는 필요 없는 말썽을 불러들이게 된다.

인간은 말에 대해서 어떠한 태도를 취해야 할 것인가? 그 수를 셀 수는 없으나, 그 무게는 달아야 하는 것이다.

말은 또 약에도 비유된다. 적당량의 말은 도움이 되지만,

너무 과도하게 사용하면 해가 되는 것이다.

「귀는 귀에 익지 않은 것에 민감하고, 눈은 처음으로 보게 되는 것에 자극을 받는다.

그런데 혀는 외부와는 아무 관계없이 제 스스로 지나치게 자유분방하다」고 『탈무드』는 지적하고 있다.

「혀에는 뼈가 없다. 그러므로 주의 하십시오」

「마음이 혀를 조종해야지, 마음을 혀에 의해 조종당하게 해서는 안 된다」

이와 같이 『탈무드』에서는 혀에 대한 경계가 많은 것도 그만큼 혀에 의해서 걸려 넘어진 자가 많았던 때문일 것이다.

인생에는 정해진 레일이 없다

2차 대전 후 사람들은 물질주의에 현혹되어 물질적 탐욕적으로 변해왔다.

모든 것이 얼마만큼 쾌적한 생활이 가능한가, 얼마만큼 신제품이 모아지는가, 어느 정도 좋은 지위에 오르는가 하는 물질적인 척도로써 계산되어지게 되었다.

이것은 전후의 사람들이 어떠한 것이 되었든 정신적인 가치를 경시하는 것처럼 된 결과일 것이다.

그것보다도 정신적인 근거가 없어져 버린 결과, 사람들은 자신을 잃어 버렸다고 보는 게 옳을 것이다.

사람들은 그 불안을 달래기 위해서 물질에 대한 과도한 집착을 품게 되었던 것이 아닐까 한다. 흔히 정신적으로 불안정한 자기 수를 많이 마신다거나, 과식을 한다거나 하여 불안으로부터 도망치려고 한다는 것은 알려진 사실이다.

물론 정신적으로 풍요하게 되는 것은 나쁜 것은 아니다.

물질적으로 풍요하게 되면 보다 건강한 생활을 보낼 수 있을 뿐만 아니라 높은 교육을 받을 수 있으며 여가가 증가됨으로써 그 만큼 자기개발에 시간을 쓰게 된다.

한마디로 말하면 인생에 있어서의 선택을 증대시켜줌으로 물질적인 풍요함은 좋은 것이다.

유태인은 인간은 하늘과 땅 사이에 살고 있다고 생각해왔다. 우리들의 반은 하늘에 속해 있으며, 반은 땅에 속해 있는 존재이다.

그러므로 인간은 빵만으로는 살 수 없는 것이며, 또 그렇다고 해서 빵 없이 살아갈 수도 없는 것이다.

물질을 두려워하는 것도 올바른 태도는 아니다. 더욱이 이전의 가난했던 시대에는 물질을 중요시하고 절약을 하지 않으면 몸을 망치는 결과가 되었다.

그래서 산에서 조난을 당한 자가 구원대가 도착하기까지 가지고 있는 식량을 조금씩 아껴서 먹지 않으면 생명을 연장시킬 수 없는 것과 마찬가지라고 하겠다.

그러므로 물질을 갖고 있는 힘은 옛날 쪽이 더 컸었다. 그리고 대부분의 문지에서 물질을 두려워하고 금욕적으로 되어서 금욕이 하나의 미덕으로 되어 있었다.

그러나 두려워 해오다가도 한 번 굴복해 버리면 그의 노예가 되어 버리기 쉽다. 그런데 유태인은 금욕적이 아니었기 때문에 항상 물질을 도구로 삼아 다루어 왔다.

게다가 자신들의 절반쯤은 하늘에 속해 있다는 사실을 잊지 않았다. 반쯤은 하늘에 속하고, 반쯤은 땅에 속해 있다는 사실을 잊지 않았다.

반쯤은 하늘에 속하고, 반쯤은 땅에 속해 있다고 하는 점에 있어서도 유태인의 균형감각을 나타내고 있다고 하지 않을까.

물질을 너무 많이 가지면 도리어 불편해지는 수도 있다.

일을 과도하게 하면 자신의 시간을 모두 일에 빼앗겨 버리는 것과 마찬가지로 물질을 너무 많이 소유하면 자신의 시간을 물질에 의해 빼앗겨 버리게 된다. 마이카, 텔레비전, 스테레오, 8미리 카메라 같은 것은 사용하지 않으면 의미가 없다. 그러나 이것들을 사용하기 위해서는 그것들의 상대가 되지 않으면 안 된다.

그 결과 인간과의 접하는 시간이 짧아져 버리게 된다.

예를 들면 인간과 접하는 대신에 텔레비전을 보거나 둘이서 영화를 구경하러 가면 그 동안은 대화를 하지 못한다. 물질이 많이 있으면 가난했던 때보다도 가족 사이의 대화도 친구들과의 대화도 적어져 버린다.

우리들이 계속해서 물질을 소비해 간다고 생각하더라도 자기도 모르는 사이에 물질에 의해서 우리들 자신이 소모되어 갈 우려가 있다. 물질이라고 생각하여 무시해서는 안 된다.

신도 모르게 우리들이 물질에 의해서 지배받게 되는 것이다.

오늘날 동양에서 가장 보편적이라고 할 수 있는 청년들의 꿈은 학교를 나와, 일류 기업에 취직하는 것이라고 한다.

왜 좋은 학교에 들어가기를 열망하는가 하면 소위 일류기업에 취직하는데 유리해지기 때문이라고 한다.

이러한 사람들에게 있어서는 무엇보다도 안정된 생활이 중요한 것이다. 그리고 보다 좋은 집이나 자동차 같은 것으로 상징되는 좋은 생활을 보내고 싶어 하는 것이다.

그러나 산을 올라갈 때에 이미 많은 사람들에 의해서 굳어진 길을 걸어간다면 보물을 찾아낼 수는 없다.

게다가 학교의 입학시험으로부터 일류기업에 취직하여 정년에 이르기까지, 레일에 의해 묶여져 생활을 한다면 관료적인 인생을 보내는 결과가 되어 버린다. 인생에는 때때로 모험을 체험하는 것은 매력적인 인간을 만들어낸다.

레일이나 에스컬레이터를 탄다면 레일이나 에스컬레이터 그 자체에 의해서 자신의 일생은 굳어져 버리게 된다. 내가 오랜만에 이스라엘로 돌아와서 텔아비브 대학에 방문했을 때에, 친구인 교수 하나가 이렇게 물어 왔다.

"랍비 씨 당신은 텔아비브 대학이 이 나라에서 최고의 지식이 집적되어 있다고 평가하는 이유를 아십니까?"

텔아비브 대학은 보편적으로 이스라엘에서 가장 좋은 대학으로 알려져 있다.

내가 머리를 가로저으니까 그는 이렇게 말했다.

"신입생이 들어올 때에는 많은 지식을 지니고 들어오는데, 졸업할 때에는 아무것도 가지고 나가지 못하기 때문이죠."

위대한 대학이라고 함은 어느 나라를 불문하고 더러는 이러한 지적이 꼭 적중되리라고 생각한다. 학생들은 명문교를 나왔다는 간판을 따고 싶어서 들어올 때는 필사의 노력을 하지만, 일단 학교에 입학하고 나면 적당히 보내기 십상이다.

들어가는 것만이 목적인 학교나, 입사하는 것으로 목적이 달성되었다고 하는 생활 자세는 바람직하지 못하다.

새로운 사회에서 자신을 성공시키고자 한다면 더 많은 노력과 강한 의지력으로 나아가야 한다. 모처럼 인생에 자기를 창조하는 기회를 주어지고 있는데도 그것을 최대한으로 이용하지 않고서는 자기를 개화할 수 없기 때문이다.

자신의 약함을 인정하라

유태인은 인간에게 약함이 있다는 사실을 알고 있었으며, 그 약함을 적당하게 표현하는 것을 나쁘게 생각하지 않았다. 유태교에서는 신은 여호와인 유일신이다.

인류 역사상 유일신을 믿었던 것은 유태인이 최초이다.

다른 유일신은 그리스도교, 이슬람교에서 볼 수가 있는데, 엄격히 말해서 그리스도나 이슬람교는 유태교에서 파생된 것이다.

아들이 자라서 분가 독립을 하 듯 분가를 하게 된 것이다.

유일신에는 절대적인 권위가 있다. 그리하여 신이 권위를 몽땅 독점해 버렸으므로 지상에는 절대적인 권위란 있을 수 없는 것이라는 신념을 낳았다.

유태인에게는 히틀러도, 모택동도 관계가 없다.

지상의 권위를 대단치 않게 여길 수 있는 것은 유태인의 힘으로 되어 왔다.

오늘날 성공한 사람들에게 물어본다면 대개는 어떠한 형태로도 권위에 반항한 사람이 많다.

유일신은 절대신 이기도하다. 그런데도 유태인은 신에 대한 불평불만을 많이 남겨 놓았다. 유태교에 따르면 신은 유태인과 사이에 계약을 맺어 유태인이 신에 의해 선택된 민족이라고 규정했다.

『탈무드』에는,

「하나님은 유태인을 모든 민족 가운데서 선택해 냈다고 하는데, 어째서 우리들만을 선택해 버렸는가?」고 개탄을 하고 있으며, 또 「만일 하나님이 이 지상에 살고 있다면 하나님의 집에는 한 장의 유리창도 온전한 것이 없게 될 것이다」라고 쓰여 있다.

이것은 사람들이 불평불만을 털어놓으며 유리창에 돌을 던져 모조리 깨뜨렸을 것이라는 말이다. 그러나

「하나님에게 질문을 해서는 안 된다. 듣고 싶다면 이쪽으로 올라오너라」라고 말할 것이다.

「하나님은 가난한 자를 사랑하신다. 그러나 부자는 도와주신다」

하긴 하나님의 쪽에서도 잠자코만 있지는 않는다. 유태인은 하나님에게 이와 같은 말을 하게 해왔다.

「하나님은 인간을 세 개의 단계에서 측정한다. 사람이 젊을 때에는 그의 허물을 용서한다. 청년이 된 후에는 그가 어

떤 목표를 설정하고 있는가에 따라 측정한다. 나이를 먹으면 하나님은 그가 뉘우치기까지 기다린다」

「자신의 일로 가득 차 있는 인간 속에 하나님이 들어가 살 장소는 없다」

『탈무드』에는 아브라함이 어느 노인의 천막을 찾아갔을 때의 에피소드가 적혀 있다.

이 노인은 우상 숭배자였기에 아브라함은 하룻밤을 새워가며 개종을 권했지만 성공하지 못했다. 그래서 아브라함은 단념을 하고 자기 집으로 돌아와 버렸다. 다음 날 저녁부터 아브라함은 노인한테 찾아가지 않았다. 그러자 하나님이 그날 밤에 나타나셔서 말씀하시길,

"그는 그 노인이 나를 믿게 될 때까지 70년이나 기다렸느니라. 그런데 그대는 하룻밤 이상도 기다리지 못하다니, 도대체 어찌된 일인가?"

아브라함이 천막에서 나온 뒤에 하나님이 나타나 계속 노인을 타일렀던 것이다.

내가 좋아하는 신에 대한 불평은 이러한 것이었다.

'하나님은 얼마나 공평하신가. 하나님은 부자에게는 먹을 것을 주고 가난한 자에게는 식욕을 주시니.'

유태교에는 그리스도에서처럼 '원죄' 의식이 없다. 또 육체

를 더러운 것으로 여기는 사고방식도 없다.

유태교에서는 죄의 종류를 두 가지로 분류하고 있다. 신에 대한 죄와 인간에 대한 죄이다. 신에 대한 죄는 랍비의 중개 없이 직접 신 앞에 참회하여 용서를 빈다. 또 가람에 대한 죄는 죄를 범한 상대에게 직접 용서를 빈다.

유태교의 대축제일인 욤키풀(속죄의 날)의 날에는, 유태인이 단식을 하며 종일토록 참회의 기도를 드린다.

이 날은 유태력으로는 티시리의 달(그레고리력으로는 9~10월) 10일이다.

이 날 사람들은 시나고그에 모여, 세 사람의 장로가 『토라』를 읽는다.

죄는 56종류로 나누어져 있는데, 그 대표적인 것에,

"신이여, 우리를 용서해 주시옵소서……"

라고 용서해 주기를 빈다. 이때 절대로,

"나를 용서해 주십시오." 라고 말하지는 않는다. 이것은 유태인들은 서로 죄와 책임을 분담한다는 의미도 있다. 욤 키플은 숫양의 뿔피리 소리로써 막을 연다.

인간은 허영이라는 바다에 사는 물고기이다

인간에게 있어서 나르시즘(자기애)는 대단한 것이어서 평생을 통해 자기 자신과의 로맨스에 빠져 있는 것과 같아서 말하자면 끊임없이 자신에게 아첨의 말을 해대는 것과 같은 것이다.

자신의 아이들이나 부하들을 대할 때에 그 가운데 어느 것과 같이 그와 똑같은 현상이 자기 자신에게도 일어나는 것이다.

우리들은 인간 집단 속의 일원으로써 생활하고 있다.

최저의 단위는 부부, 혹은 연인끼리이다. 그로부터 가족, 직장으로 확대되어 간다. 그러나 자기만을 편애해 버리게 되면 다른 사람들의 반감을 사게 된다.

자기애는 어느 누구나가 다 가지고 있기 때문에, 정도까지는 피장파장이라 하겠지만 이 자기애는 자신을 중대하게 생각하는 것이기 때문에 나쁘다고만은 할 수 없다.

이 토양으로부터 프라이드, 자립심, 향상심이 길러지므로 어디까지나 이 세계는 자신이 중심이다.

그리고 인간에게는 자신이 중심으로 되어 보다 나은 세계를 만들어야 할 책임이 부여되고 있다. 그러나 종종 사람은 맹목적으로 되어 버려서 자기애에 빠져 버리면 타인이 그것을 얼마나 혐오하고 있는지 모르게 되어 버린다.

인간은 태어나면서부터 자기중심적이다. 이것은 어린이를 보면 충분히 알 수가 있다.

어린이는 자신만을 중요하게 여긴다. 그리고 자라남에 따라 다른 사람들을 위해 자신을 어느 정도까지 양보하지 않으면 안 된다는 사실을 배워나가는 것이다.

인간은 한 평생을 어른이나 노인이 되지 않고 다만 어린이가 나이를 먹어 갈 뿐이라고 말하기 때문인 것이다. 그렇지만 어른이 어린아이처럼 자신을 중요히 여기는 일은 없을 것이다.

자기애는 인간에 있어 강하게도 되고, 약하게도 된다. 칭찬을 들을 때 즐겁지 않은 사람은 없다.

인간은 동서양을 불문하고 허영이라는 바다에 사는 물고기이다.

노만 메일러는 「자기도취가 필요한 것은 정치가와 프로테슬러와 여배우와 왕 밖에 없다」고 말하고 있는데, 그렇지만도 않을 것이다.

우리들의 일상생활 속에서 인간이 얼마나 허식에 대해 약한 존재인가에 대해 많은 예를 들 수가 있다.

내가 엉뚱한 오류를 범하더라도 다른 사람들이 용서해 주는 일이 많다.

그러나 주위로부터 용서를 받아 그의 죄가 없어졌다 하더라도, 스스로 용서할 수가 없는 경우가 종종 있다. 그리하여 시일이 지나서도 그 과오를 생각하면 가슴을 찌르는 듯한 고통을 느끼게 된다. 아마 독자들에게도 이와 같은 경험을 한 적이 틀림없이 있었을 것이다.

이와 같은 과오는 자신의 허영심에 깊은 상처를 준 것이기 때문에 한 번 받은 상처가 좀처럼 나아질 수가 없는 것이다.

루이스 베네딕트는 제 2차 대전 중에 쓴 『국화와 칼』이라는 일본인 연구의 저서 가운데서 죄의식이 결여되어 있는 대신에, 수치의식을 가지고 있다고 설명했다.

죄는 개인 속에서 생겨나는 개인의 내적 문제인데 비해 수치심은 주위의 평가에 의해서 생겨나는 것이다. 그러므로 「여행에서 수치심은 버려라」고 한 것처럼 모르는 사람들의 앞에서는 잘못을 저질러도 부끄러움은 생겨나지 않는 것이다.

유태교도나 그리스도교도들 가운데서도 죄보다 수치심에 스스로 괴롭히는 사람들도 많은 것이다.

또 한 가지 인간이 허세를 중요시한다는 예를 들어 보자.

우리들은 자신의 생활을 유지함에 있어서, 자기를 돌보아 주고 있는 삶들에게도 인간의 약점이 나타나고 있다. 신세를 지고 있다고 하는 것은 허영심에 상처를 입게 되기 때문이 아니겠는가? 자신이 남의 아래에 있다는 엄연한 사실을 인정하고 싶지 않기 때문이다.

자기를 중심에 두는 것은 결코 틀린 것은 아니다. 세계는 자기로부터 출발하는 것으로 자기애도 건전한 것이다.

인간은 '나' 라고 하는 유일한 동물이다.

그러나 도를 지나쳐서는 안 된다.

자기애에 너무 빠져 들어가 버리는 일이 있어서는 자신을 지키는 데에 있어서도 위험하다.

사람은 칭찬을 들으면 즐거워진다. 어떠한 인격자일지라도 그렇다. 사람들에게 자신을 인정받고 싶은 것이다. 그래서 사람을 움직임에 있어서는 그 사람의 자기애에 호소하는 것이 유효하다.

그리고 사람들이 하고자 하는 일을 도와주는 것은 친절한 마음이기도 하다. 인간은 누구나 격려를 받고 싶어 하는 것이다.

그러므로 인사말을 하는 것도 인생에서는 필요하며 일상생활에서는 상대나 상대가 가진 것을 칭찬해 주는 것은 예절이기도 하다. 말의 '선물' 이라고나 할까 좋은 선물을 한다는 것도 사교 기술의 하나 이니까.

『탈무드』는 아첨의 말을 하는 방법에 대해 이렇게 가르치고 있다.

사람을 칭찬해 줄 때에는 어리석은 자는 칭찬을 해야 하고 현명한 사람에게는 그 반대로 칭찬을 해야 한다.

이것은 의사가 투약하는 경우와는 완전히 반대이다. 의사는 중환자에게는 강한 약을 처방하고, 약한 환자에게는 약한 약을 투여하지만, 아첨을 할 때에는 지적으로 강한 자에게 정도에 맞게 , 지적으로 약한 자에게는 과장되게 말하지 않으면 안 된다.

우리들은 사람이 죽으면, 고인을 애도하기 위해 사용하는 말을 아끼지 않는다. 왜 그러냐 하면 죽은 자는 이미 경쟁상대가 되지 않기 때문이다. 그 사람이 성공한 인간이면 인간일수록 살아 있는 동안은 부러움의 대상이며, 죽어서야 비로소 칭찬의 말을 늘어놓게 된다. 또 우리들은 노인과 어린이들에 대해서는 친절하게 대한다. 노인은 과거에 속하고 아이들은 미래에 속해 있어서 오늘에 살고 있지 않기 때문이다.

우리들은 성공이라고 하는 산의 정상에 가까이 감에 따라서 선망이나 질투라는 번개에 부딪치게 되는 것이 이 때문이다.

『탈무드』는, 경쟁 상대에 대해서도 그만큼 약화된다고 말하고 있다. 특히 상대가 없는 곳에서 칭찬하는 것은 어려운 것이다.

그렇지만 라이벌이나 적으로부터도 배울 것은 많다.

『탈무드』에는,

「자기애의 가장 좋은 반려는 겸허함과 타인에 대한 동정심이다」고 쓰여 있는데, 좋은 충고라고 생각된다.

여기서 자기중심적인 시각으로 꽉 막혀 있는 뉴욕 출신의 유태의 이야기를 하나 소개하려한다.

1965년 11월, 미국 동부는 대 정전 사고가 일어났다.

뉴욕도 이때는 암흑천지가 되었다. 브루클린에 사는 마코스가 마침 전구를 끼워 넣은 때에 정전이 되었다. 아내인 로지는 뛰어올라가 창문 쪽으로 달려갔다.

창에서 뉴욕 시내를 내려다보니 코르타를 쏟아 버린 듯한 암흑의 일색이었다.

그녀는 슬픈 듯한 목소리로 말했다.

"마스크, 당신 어떻게 했길래 온 뉴욕을 온통 암흑천지로 만들어 놓았어요?"

겸허함을 자랑 말라

겸허하다는 것은 사람들에게 힘을 준다.

그래서

「자신의 나쁜 일을 감추는 것과 같은 정도로 자신의 장점이나 공적을 감추려고 노력하십시오」

라고 한 것을 가르치는 것은 중요하다.

「지식의 길을 올라가면 겸허의 정상에 도달한다」고 『탈무드』는 말하고 있을 정도이다.

쥬다 아씨에리도 이렇게 쓰고 있다.

「진정한 현인은 이런 사람이다. 자신이 어떠한 사람과 만나도 그 사람은 무언가 자기보다도 나은 점을 가지고 있다. 만일 그가 자신보다도 연상의 사람이라면 나는 그가 우선 나보다도 현재까지 낫다고 생각한다. 왜냐하면 나보다도 선행을 쌓을 기회가 많았음이 틀림없기 때문이다.

만일 나보다도 젊었다고 하면, 나보다도 더 죄를 범하지 않았을 거라고 생각하고 존경한다. 아마 나보다도 더 많은 자선을 해왔을 것으로 생각한다. 나보다도 가난하다면 그는 나보다도 더 고생을 했을 것으로 생각한다. 나보다도 어질면 그의 지혜에 대해 경의를 표한다. 만일 나만큼 어질지 못하다고 보이면, 그는 나보다도 적게 잘못을 저질렀을 것으로 생각한다」

그러나 겸허함을 자랑해 보임으로써 상대의 마음에 감동을 주어야겠다고 생각한다면 그만큼 야비한 짓은 없다. 진정으로 겸허함이란 계산되지를 않고 자연히 넘쳐 나오는 것이 아니면 안 된다. 지성이라는 산의 정상은 겸허함이라는 아름다운 눈으로 덮혀 있다.

『미드랏슈』에는,

「훌륭하게 맺힌 포도는 늘어진다. 덜 여문 포도는 높은 곳에 있다. 위대한 사람일수록 낮은 데로 내려온다」고 쓰여 있다.

『탈무드』에서는

「물은 높은 곳으로부터 낮은 곳으로 흐른다. 고여 있는 물은 썩지만 높은 곳으로부터 낮은 곳으로 흐르는 물은 항상 맑고 깨끗하다」라고 겸허함의 중요성을 말하고 있다.

그러나 겸허함을 사랑해 보이는 자는 자만하고 있는 자와 다를 바 없다.

세계는 1973년 제1차 석유 위기(오일쇼크)때까지 물질의 풍요함을 구가하고 있었다.

물가가 부족하다는 따위는 어디서 부는 바람인가 하고 오만을 떨고 있었던 것으로 나는 생각한다. 그런데 지금 또 더욱 심각한 것이다. 만일 사람들이 미래를 예견하고 석유부족을 계기로 한 초인플레에 대한 준비가 되어 있었더라면 낭패는 없었을 것이다.

바로 『탈무드』가 말했듯이 「오만의 왕국에는 왕관은 없다」

제6장

-유태인의 세계-

박해 속에 지켜온 민족의 긍지

유태인에 대해서는 많은 사람들이 좋지 않은 인상을 가지고 있는 것이 사실이다.

영어의 「JEW」라는 말이 유태인을 일컫기도 하지만 또 동시에 '수전노', '간상배'와 같은 뜻으로 사용되고 있는 사실만 보아도 유태인에 대한 편견이 얼마나 뿌리 깊고 또 그 정도가 심하다는 것을 알 만한 것이다.

그러나 반면 우리는 또 유태인은 민족적 긍지가 강하며 역사상 많은 우수한 두뇌를 배출한 뛰어난 민족이라는 것도 인정하지 않을 수 없다.

아인슈타인, 프로이트, 토마스만, 오펜하우어, 그리고 최근의 키신저에 이르기까지 대충 훑어보아도 예술, 사회, 과학, 정치 등 각 분야에 걸쳐 뚜렷한 업적을 남겨놓은 유태출신의 위인은 부지기수이다.

그렇다면 유태인은 과연 어떤 민족인가?

먼저 그 민족과 문화의 배경을 이해할 필요가 있다.

유태민족의 조상은 구약성서에 나오는 바와 같이 아브라함으로 되어 있다.

기원전 약 2000년에 아브라함은 그의 가족을 이끌고 지금의 팔레스타인 지방인 가나안 땅에 정착하게 된다.

아브라함의 자손인 이삭과 야곱은 부족을 형성하고 번성하여 가나안 지방에서 애굽으로 유목생활을 계속한다.

유태인은 애굽에서 처음에는 환영을 받았으나 폭군 바로 왕에 의해 노예가 된다.

여기에서 유태민족의 위대한 지도자 모세가 등장하고, 『출애굽기』에 기록된 바와 같이 그의 영도 하에 극적으로 애굽을 탈출한다.

그 후 유태민족은 40여 년간이나 광야를 방황한 끝에 모세의 후계자인 여호수아에 의해 젖과 꿀이 흐르는 가나안 복지를 다시 찾게 된다.

　그 후 유태의 여러 부족은 연합하여 왕국을 건설하게 되는데, 다윗왕의 아들 솔로몬 왕에 이르러 문화적으로 전성기를 맞이하게 된다.

　솔로몬은 예루살렘에 큰 성전을 건립하여 유태민족의 종교적 상징을 이루게 되나, 그 성전은 외족의 침략이 있을 때마다 불타버리는 운명을 맞게 된다.

　유태민족은 바빌론의 침략을 받아 바빌론으로 끌려가 노예생활을 하게 되지만 50년 후 바빌론이 페르시아에 정복되자 해방되어 예루살렘으로 돌아와 성전을 다시 건립하고 그들의 신앙을 지켜나가는 끈질긴 집념을 보여준다.

　그 이후에도 예루살렘은 알렉산더에게 정복되고, 시리아의 침략을 받았으며, 마침내 로마에 의하여 멸망되는 비운을 맞이하게 된다.

　로마는 예루살렘을 점령한 초기에 유태인의 환심을 사기 위하여 성전을 재건해주고 종교생활을 보장해준다. 그러나 무거운 과세에 시달린 유태인이 독립을 위한 항쟁을 계속하자 티투스 황제는 성전을 불사르고 예루살렘에서 유태인을 추방하여 다시는 돌아오지 못하게 한다.

　그것이 기원전 70년의 일이다. 여기에서 유태인은 세계 각지로 흩어지게 되었으며 이산생활을 시작하게 된다.

세계 각 처로 흩어진 유태민족은 계속하여 이민족의 박해를 받으면서도 민족적인 긍지를 잃지 않고 단결된 민족의 힘을 과시하여 왔다.

여러 면에서 유태민족은 우수한 민족이라는 점에 대해서는 의심의 여지가 없다.

온갖 박해 속에서도 그들의 신앙을 저버리지 않고 민족의 전통을 지켜온 강인한 민족이다.

중세기 구라파에서 그들은 제도적으로 한 치의 땅도 소유할 권리가 없었다. 따라서 상업에 의하여 생계를 꾸려나갈 수밖에 없었다.

나치 독일에 의하여 6백만 명의 유태인이 무참하게 학살당한 것은 너무나 잘 알려진 사실이다.

지금 세계 여러 나라에 흩어져 있는 유태인은 모두 합쳐서 1천 5백만 명 그러니 6백만이라는 숫자는 가히 유태인의 멸족을 가져올 만큼 엄청난 숫자이다.

그러나 이와 같은 참혹한 박해 속에서도 그들은 유태인으로서의 당당한 긍지를 견지하고 있으며, 그 민족적 단결력과 우수성은 제2차 세계대전 후 이스라엘의 건국에 의하여서도 여실히 증명되었다.

근 2천년에 가까운 세월, 세계를 유랑하던 유태민족은 그들의 종교적 발상지인 팔레스타인에 세울 수 있는 기회가 주어진 것이다.

그로부터 불과 30년 남짓한 시간이 흘렀지만 그들은 돌과 모래밖에 없는 황무지를 푸른 옥토로 가꾸어 농업을 일으켰으며 공업화를 추진하여 주위를 둘러싸고 있는 1억 이상의 아랍민족으로부터 수차례에 걸친 침략을 물리쳐낸 용기와 지혜를 보여주고 있다.

그들은 불과 290만 밖에 되지 않는 적은 인구를 가지고 아랍의 계속적인 위협에 굴하지 않고 나라를 지켜나가고 있는 것이다.

현재 미국에서는 약 650만의 유태인이 살고 있는데, 이 숫자는 미국 전체인구의 3분의 2%에도 못 미치는 소수민족 집단이다.

그럼에도 불구하고 그들은 미국의 경제, 언론, 교육 등 각 분야에서 엄청난 영향력을 행사하고 있는 것이다.

미국의 노벨상 수상자 가운데 유태인이 차지한 비율은 24%나 된다.

그리고 미국 유명 대학의 교수 중 약 30%를 유태계가 차지하고 있다.

최근 미국의 『뉴스 엔드 월드 리포트』지가 조사한 바에 따르면 미국을 움직이는 30인의 인물 중에는 5명의 유태인이 포함되어 있다.

미국의 금융계 역시 그렇다.

뉴욕 월가의 투자은행은 한결 같이 유태계 회사들이면 그 중에서도 특히 '솔로몬 브라더스', '쿤로브' 등은 굴지의 유태계 회사로 알려져 있다.

그러나 이처럼 「미국을 움직이고 있다」고 할 수 있을 만큼 막강한 영향력을 가지고 있는 유태인들이지만 현실은 역시 민족적으로 아직도 피압박민족의 굴레를 벗어나지 못하고 있다.

학계에서건 재계에서건 무시 못 할 위치에 올랐다 하더라도 단순히 유태인이라는 그 이유 때문에 컨트리클럽이나 회원으로 가입하지 못하는 경우가 허다한 것이다.

오래 전 미국의 동급생 중에서 유독 친절하게 대해주는 한 학생이 있었다.

수업시간에 나란히 앉기도 하고 쉬는 시간에 함께 차도 나누곤 했다.

그런데 어느 날인데, 다른 미국 학생이 그 사람은 유태인이니 가까이 하지 않는 것이 좋을 것이라는 경고에 가까운 충고를 해주는 것이었다.

나는 그때 "그래서 어쨌단 말이냐?"

하며 대들긴 하였지만 나는 미국 사회에서 유태인이 얼마나 멸시를 당하고 있다는 것을 피부로 느낄 수 있었다.

그토록 어려운 역경 속에서도 유태인이 민족적 정체감을

잃지 않도록 하는 힘은 대체 무엇일까?

유태민족은 나라 없는 이산 생활 속에서도 많은 우수한 두뇌를 배출하였는데, 과연 그들은 타민족보다 선천적으로 우수한 민족일까? 아니 그렇지는 않다고 본다.

한 민족의 민족적 정체감이나 우수성은 선천적으로 결정되는 것이 아니다.

결국 따지고 보면 유태인의 그와 같은 민족성은 그들의 역사 속에 점철되고 있는 민족의 전통과 문화에 의하여 결정된다고 할 것이다.

특히 유태민족의 전통과 문화에서 중요한 위치를 차지하는 것은 유태민족의 신앙이다.

이 신앙이 있음으로 해서 오랜 세월에 걸친 이산생활에서도 타민족에 동화되지 않고 나름의 독자성을 유지해 왔다고 할 수 있을 것이다.

유태인에 대한 편견

　유태인은 이러이러한 사람이다. 라고 잘라서 말하기란 거의 불가능한 일이다. 같은 유태인이지만 그들의 생김새나 몸의 특징도 각양각색이다.

　노란 머리도 있고 검은 머리도 있으며 백인이 있는가 하면 흑인도 있다.

　세계 여러 문화 속에서 오랜 세월 흩어져 살아왔기 때문에 생활양식이나 사고방식에 있어서도 다양하리라는 것을 쉽게 짐작할 수 있다.

　그러나 그들이 어느 지역의 어느 문화 속에서 살고 있던 유태인으로서의 공통적인 정신만은 면면히 이어져나가고 있는데, 그것을 찾기는 어려운 일이 아니다.

　그러나 여기서는 먼저 유태인에 대한 오해의 지상부터 파헤쳐 보기로 하자.

　반복되지만 아마 유태인만큼 좋지 못한 평을 받고 있는 민족도 이 지구상에는 드물 것이다. 유태교의 랍비 마빈 토케이어는 그와 같은 편견은 필시 기독교의 복음과 함께 전파되었으리라고 주장한다.

　기독교에서 유태인은 예수그리스도를 십자가에 못 박은 사람, 바리새인으로 통한다.

유태인에 많은 통념은 주로 돈에 의해서는 수단과 방법을 가리지 않는다는 것이 일반적인 통념이다. 오래전에 들은 것이지만 이런 이야기가 있다.

부유한 중국인 상인이 생전에 교분을 나누던 여러 나라의 친구들에게 10불씩 자기 관에 넣어 달라고 유언을 하였다.

먼저 미국인 친구는 생전 그와의 우의를 생각하여 현찰 10불짜리를 관 속에 넣었다. 다음에 영국인 친구도 신사였다. 친구의 유언대로 10불짜리 수표를 끊어서 관 속에 넣었다. 다음은 유태인 친구 사례였다.

그는 미국 친구와 영국 친구가 하는 모양을 보고 나서는 천천히 주머니에서 수표책을 꺼내들었다. 그리고 20불짜리 자기앞 수표를 끊어서 관 속에 넣고는 대신 그 안에 있던 10불짜리 현찰을 거슬러 가더라는 것이었다.

물론 이 이야기는 유태인이 돈에 대해서 그만큼 무섭다는 것을 나타내기 위해서 누군가가 꾸며낸 이야기이다.

유태인의 수전노 근성의 대변자는 아무래도 샤일록일 것이다. 많은 사람들이 셰익스피어의 희곡 『베니스의 상인』에 나오는 샤일록을 수전노의 전형적인 인물로 생각하며 그는 유태인이었다는 것을 기억하고 있다.

그러나 문헌에 의하면 셰익스피어가 세상에 태어나기 이전에 모든 유태인은 영국에서 추방된 것으로 되어 있다. 그렇다면 셰익스피어는 유태인을 만나본 일도 없고 더욱이 교분이 있었을 리도 없는 것이다.

그러니까 셰익스피어 역시 유태인은 수전노라는 막연한 편견에 사로잡혀 있었던 것을 알 수 있다.

중세기 구라파에서 유태인은 법률에 의하여 토지를 소유할 수 없었다. 따라서 농사를 지을 수도 없었고 물품제조업자의 동업조합인 '길드'에 가입할 수도 없었다.

유태인이 생존을 위하여 할 수 있는 일이란 고작 장사밖에 없었다.

이와 같은 그들의 역사적 배경을 보면 유태인이 탁월한 상재를 길러냈으리라는 것은 인간의 자위본능 상 당연한 일이었는지도 모른다.

오늘날 미국에서 운동선수와 연예인 중에 흑인이 많은 것은 처음부터 그들에게 그런 소질이 있어서라기보다도 그 길만이 쉽게 출세할 수 있는 길이기 때문이라는 것과 유사한 것이다.

상업에 종사하다 보니 돈에 대해서 일찍 눈뜨게 되었으며 구라파에서 처음으로 은행제도를 창설하고 많은 유태인이 금융업으로 부를 축적하게 되었을 것이다.

유태인이 수전노라는 편견을 갖게 한 것은 아마도 이런 데서 연유된 것이 아닌가 한다.

유태인이 돈이 많다는 이야기들은 한다. 미국의 월가를 장악하고 있는 것도 유태인이요, 미국 대도시의 상권 역시 거의 유태인에 의하여 통제되고 있다는 이야기다. 그러나 이러한 통념도 알고 보면 사실과는 좀 거리가 있다.

구라파에 살고 있는 대부분의 유태인은 이른바 빈민가에서 살고 있다. 그것은 동구라파에 있어서도 마찬가지이다. 그러므로 유태인은 모두 돈이 많다는 주장은 설득력 있는 근거를 가지지 못한다.

그러나 확실한 것은 유태인에게 어떤 사회적인 규제가 가해지지 않고 자유스럽게 그들의 재능을 발휘할 수 있는 기회가 주어진다면 그들은 빠른 시간에 사회 상층으로 올라가는 능력을 과시할 것이라는 것이다.

미국의 경우에서 그것을 확인할 수 있다. 어떤 사회학자의 조사에 의하면 미국에 이민 온 유태인은 반드시 3세대 만에 전문직에 도달한다는 것이다. 1세는 부두노동을 하지만 2세는 규모가 작은 상업에 종사하고 3세는 변호사나 의사와 같은 전문직에 종사하게 된다는 것이다.

유태인이 대거 미국으로 이민해 가던 초기 그들의 대부분은 빈민이었다. 그러나 오늘날 빈민가에서 유태인을 찾기란 혹시 쓰레기통에 버렸을지도 모를 금반지를 찾는 것이나 다를 바 없다.

유태인은 배타적이라는 평을 듣는다. 오래 전 일이지만 미국 남부지방에서 공부하고 있을 때, 신문에 그곳의 '시나고그'(유태의 기도소) 가 누군가에 의하여 폭파되었다는 기사가 실린 것을 본 일이 있다.

의아스럽게 생각한 나머지 미국인 학생에게 폭파의 동기가 무엇일 것 같으냐고 물어 보았다.

그의 대답은 의외로 간결하였다. 유태인은 미국사람들의 미움을 사고 있다는 것이었다. 사실 미국 남부지방에서 흑인 다음으로 천대를 받고 있는 민족은 유태인이다.

확실히 유태인들은 그들의 독특한 종교적 계율 때문에 생활습관도 특이하고 그들이 어느 곳에 살든지 시나고그를 건립하고 그 지역에 사는 모든 유태인은 그 시나고그를 중심으로 단합하는 민족적 단결력을 나타낸다.

그리고 모든 유태인의 자녀는 일주일에 한 번 시나고그에 가서 민족교육을 받도록 되어 있다.

유태인이 다민족과의 접촉을 꺼리고 그들만의 폐쇄적인 사회를 구성하고 있는 것은 사실이다.

그렇다고 이것이 사회적인 질시나 지탄의 대상이 되어야만 한다는 이유는 될 수 없는 것이다. 유태인 뿐 아니라 미국에 살고 있는 모든 소수민족은 어느 정도의 폐쇄성을 보이고 있는 것이다.

샌프란시스코의 중국인이나 10만에 가까운 로스앤젤레스의 한국인 사회에서도 그 비슷한 현상을 발견할 수 있는 것이다.

그것은 미국 내의 마이노리티 그룹이 그렇게 폐쇄적으로 살기를 원해서라기보다도 미국의 마조리티 그룹이 그들을 경원시하는 데에 더욱 큰 원인이 있다고 할 것이다.

우수두뇌 배출의 비결

유태인의 두뇌가 우수하다는 대해 그것이 선천적이라는 증거는 찾아보기 힘들다. 그러나 그들 중에 우수두뇌가 많다는 사실은 부인할 수 없다. 미국의 고등학교에서 성적이 우수한 학생 중에 유태인이 상당수 끼어 있다는 점을 고등학교의 교사들은 부인하지 않는다.

미국에 살고 있는 유태인은 약 650만 정도로 미국 전체 인구의 3.2%에 불과한 숫자이니까 그들 역시 미국사회에서는 소수민족 집단이다.

현재 전 세계에 흩어져 살고 있는 유태인은 약 1천 5백만으로 추산되는데, 외국학자들의 추계에 따르면 예수가 탄생했을 당시 유태인의 인구는 약 9백만 정도였을 것이라고 한다.

그 당시의 한국인은 인구가 얼마나 되었는지는 확실히 알 길이 없으나 아무리 많이 잡아도 4, 5백만을 넘는 인구로 증가했는데, 유태인은 2배도 넘지 못하게 되었다는 것은 유태인에 대한 박해가 얼마나 심하였다는 것을 잘 나타내준다.

요컨대 유태인은 아직도 소수민족이다.

그러나 1896년 노벨상이 설립된 이래 노벨상 수상자 중의 32%가 유태인이라는 사실은 실로 놀랄만한 일이다.

아브라함의 자손이 '바닷가의 모래알처럼' 번성하지는 못하였으나 우수두뇌의 배출에 있어서는 실로 경탄할 만한 결과를 가져온 것이다.

이와 같은 우수두뇌의 배출이 어떻게 가능했을까?

그것은 결코 우연의 결과는 아닌 것이다. 반드시 그럴 만한 이유가 있을 것이다.

유태인에 관한 문헌을 조금만 들춰보면 그것이 교육의 힘이라는 사실을 알아내는 일은 어렵지 않다.

유태인은 무엇보다도 교육을 중시하였고 너나 할 것 없이 배움을 게을리 하지 않았다. 배움은 바로 여호와 하나님에 대한 충성이며, 신앙이라고까지 생각하였기 때문에 그들의 신앙생활에 있어서 배움은 빼놓을 수 없는 것이 된 것이다.

이런 이야기가 유태인 사이에 내려오고 있다.

기원전 70년경에 예루살렘이 로마 침공군에게 포위되어 함락이 목전에 달해 있을 때였다. 당시 예루살렘에서 지도적 위치에 있던 랍비 아카바는 성의 함락이 멀지 않았다는 것을 직감하고 어떻게 해서든지 로마군의 사령관을 만나야겠다고 결심했다. 야음을 틈타 포위당한 성을 빠져나온 그 랍비는 천신만고 끝에 로마군 사령관의 천막에 당도했다. 그는 한 가지 꼭 부탁드려야 할 청이 있다는 말을 사령관에게 전했다.

로마군 사령관 베스베잔은 랍비에게 그 청을 말해보라고 했다. 그러자 랍비는 로마군이 예루살렘을 함락시킬 때 방화도 하고 약탈도 마음대로 하겠지만, 성안에 있는 하나의 조그만 건물만은 특별히 유념하여 온전히 보존해 달라고 요청했다.

그 조그만 건물이란 예루살렘 성안에 있는 유일한 학교의 건물이었다.

로마군 사령관에게 이와 같은 청을 넣어 약속을 받은 그 랍비는 성으로 다시 돌아와 「예루살렘은 멸망하더라도 유태인의 교육만은 계속되어야 한다」라는 말을 남기었다.

이 이야기는 유태인들이 얼마나 교육을 중요시 했었는가 잘 대변해 준다.

그들은 이처럼 교육에 의하여, 비록 나라를 빼앗기고 국토를 이루었지만 민족만은 잃지 않았던 것이다. 유태인은 2천

년에 가까운 이산생활을 해오면서 기독교도의 박해를 검이나 창으로 지켜야할 성이 있지도 않았다.

그들이 지켜야 할 것은 자신들의 종교와 문화였다. 그리고 그 문화와 종교를 지키기 위하여 사용한 유일한 무기는 '배우는 것'이었다. 돈이 있는 사람이나 성서를 배워 진정한 유태인이 되고 『탈무드』를 자녀에게 가르침으로써 그들의 문화를 계승해온 것이다.

이런 배움의 풍토를 생각할 때 그들이 그 많은 우수두뇌를 배출하였다는 것은 하나도 이상한 일이 아니다.

고난을 극복하는 의지

유태인을 알기 위해서는 먼저 유태의 종교를 이해해야 한다는 말이 있다. 이 말은 즉 유태인의 생활, 사고방식, 성격적 특징은 그들의 종교와 민첩한 관계가 있다는 말이다.

유태인의 생활은 바로 종교적인 신앙인으로서의 생활이며 이 신앙은 2천년에 가까운 디아스포라의 생활에서도 갖은 박해와 고난 속에서도 굳건히 지켜온 유태정신의 지주이다.

미국에서 공부할 때 가까이 지내던 유태인 학생이 무슨 말

끝에 이런 고민을 한 일이 있다.

"나치에 의해서 6백만의 유태인이 학살되었다는 것을 생각하면 아닌 게 아니라 하나님을 원망하고 싶은 생각이 들 때가 있어. 어떻게 전지전능하신 여호와께서, 그것도 한두 명도 아닌 6백만 명의 유태인이 무참히 학살되는 것을 보고만 있을 수 있었을까?...... 아무래도 잘 납득이 가지 않는 일이야."

아마도 이 말은 그의 솔직한 심정의 고백이었으리라. 그의 말속에는 다분히 하나님에 대한 원망의 어감이 내포되어 있다.

하지만 그렇더라도 그 말속에 하나님의 존재를 부정하는 생각은 털끝만치도 들어 있지 않았다. 그의 신앙은 확고한 것이었다.

이런 것을 보면 유태인에게 가해지는 박해가 크면 클수록 유태인의 신앙은 더욱이 굳어져서 그들의 독자적인 신앙의 성을 유지해 왔다고도 할 수도 있을 것이다.

유태인은 예수를 하나님의 아들로 인정하지 않으며 그러기에 기독교는 그들에게 다신교로밖에 보이지 않는다. 유태인에게 있어서 신은 '여호와' 신 밖에 없다.

그러므로 기독교와는 사이가 나쁠 수밖에 없다. 유태인은 성서의 창세기에 기록된 바와 같이 신은 인간에게 미완성의 세계를 주고 그곳에서 만인이 행복하게 살 수 있는 세상이 될 수 있도록 하라는 명령을 받았다고 믿고 있다.

이 사명을 완수하기 위하여 그들은 기독교로부터 받은 박해도 참아나가야 한다고 확신한다.

오늘날에도 경건한 유태인은 그들 신앙의 계율을 철저히 지키고 있다. 매주 금요일 해가 떨어진 다음, 다음날 해가 질 때 까지를 안식일로 지켜야 한다.

안식일에는 일을 해서도 안 되고 물건을 살 수도 없으며 먹을 것을 요리해서도 안 된다.

가정주부는 금요일 해가 지기 전에 하루 동안 먹을 음식을 준비하여 두어야 한다.

안식일에는 자동차를 탈 수도 없고 심지어 엘리베이터를 탈 수도 없다.

일상 먹는 음식물에도 지켜야 할 계율이 많다.

새우, 조개, 돼지고기는 금지되고 쇠고기나 양고기 닭고기도 랍비가 계율에 따라 처리한 것만 먹도록 되어 있다.

뿐만 아니라, 금지된 음식물이 담겼던 접시도 사용할 수 없다. 이사야 벤다산이 쓴 『일본인과 유태인』이라는 책에는 이 접시 때문에 웃지 못 할 에피소드가 소개되어 있다.

이 얼마나 엄격한 계율인가! 그러나 경건한 유태인들은 아무런 불평 없이 민족적인 얼이 있다. 그것은 또한 유태인의 고난을 이겨내는 의미이며 힘이다.

성서에 나오는 가나안 복지는 마치 비옥한 옥토이며 젖과 꿀이 흐르는 이상향이라는 인상을 준다.

그러나 오늘의 이스라엘에서 볼 수 있듯이 그 땅은 우리가 흔히 유토피아로 생각하는 그런 유복한 땅이 아니다.

네게브지방에는 사막이 있고 사해연안은 곤충밖에 살 수 없는 황무지이며 요단강 연안에는 열대의 정글이 펼쳐져 있다.

한마디로 팔레스타인 지방은 양 밖에는 칠 수 없는 황무지이다. 토양은 알칼리성이 많아 비옥한 편이라고 할 수 있으나 물이 적기 때문에 농사에는 적합하지 못하다.

봄과 가을에 내리는 빗물을 잘 저장하지 않는 한 농사를 지을 수 없는 땅이다.

세심하고 치밀한 계획성과 근면한 태도가 없는 한 생존하기 어려운 땅이다. 금강산이라는 말처럼 토질이 비옥하고 기후가 좋은 우리나라에 비하면 너무나 차이가 있다.

그러나 유태인은 이러한 여건을 불만스럽게 생각하거나 불평하지 않는 것 같다. 유태에 관한 여러 문헌을 뒤져 보았지만 그들의 지리적인 조건에 관하여 '여호와'를 원망하거나 불평하는 글을 볼 수는 없었다.

오히려 주어진 그 악조건을 긍정적으로 받아들이는 것 같다.

이것은 곧 환경이 그러하기 때문에 근면하고 계획성 있는 민족으로 성장할 수 있었다는 말도 될 것이다. 여기서도 우리는 유태인의 변함없는 신앙을 발견하게 된다.

제7장

-우수두뇌를 배출하는 교육-

우수두뇌는 조기 교육에서

유태인의 우수성은 바로 교육의 힘의 결과이다.

유태인의 뇌세포가 다른 민족에 비하여 유별나게 특수하다는 증거도 없고 그들의 식생활이 유아의 두뇌발달을 좋게 한다는 근거도 찾아볼 수 없다.

그렇다면 결국 유태인의 교육이 두뇌를 개발하는 어떤 힘이 되고 있다는 것은 이미 가설의 범위를 넘어서는 것이다.

최근에 와서 인간의 두뇌는 유전이나 혈통의 결과가 아니라 인간이 자라는 과자에 주어지는 환경의 결과라는 점에 대해서 대부분의 심리학자들은 일치된 견해를 가지고 있다. 그러나 아직도 상당히 많은 사람들은 우수두뇌란, 타고나야 하는 것이라고 생각하는 경향이 많다.

'잘 될 나무는 떡잎부터 다르다'느니 '모차르트는 세 살 때에 피아노를 연주했다'느니 하는 말들이 그런 생각을 나타내는 것이다.

그러나 모차르트나 괴테 같은 천재들의 자라온 과정을 엄밀히 조사해 보면 그들의 천재적인 재능이 결코 우연의 소산이 아니라는 점을 알 수 있다.

거기에는 어머니의 헌신이 있고 아버지의 계획적인 교육이 있으며 그들의 천재적인 재능을 발휘하도록 자극하는 문화적 환경이 있는 것이다.

이와 같은 교육이 있음으로 해서 우수한 두뇌가 배출되는 것이지 결코 환경의 작용 없이 두뇌가 개발되는 것은 아니다. 반대로 인간이 교육 없는 비문화적인 환경에서 자랄 때는 동물과 조금도 다를 바 없는 동물인간으로 성장하게 된다는 것을 우리는 유명한 야성인간 '가마라'의 슬픈 일생에서 여실히 목격하게 된다.

1920년 인도의 캘커타 서남방에 있는 정글지대에서 그곳에 선교사로 와 있던 씽 목사부부는 늑대 굴에서 양육되고 있는 두 어린이를 발견했다.

작은 어린이는 두 살 정도 되어 보였고 큰 어린이는 일곱 살 정도로 보이는 여아였다.

두 어린이는 머리에는 물론 가슴과 어깨까지 털이 나 있었다.

사람처럼 걷지도 못하고 강아지처럼 손발을 합쳐 네 발로 기어 다녔으며 먹을 것을 주어도 손으로 집어 먹지 못하고 꼭 짐승처럼 입을 접시에 대고 핥아 먹는 방법밖에는 모르고 있었다.

머리는 자랄 대로 자라 헝클어져 있었고 손바닥과 발바닥에는 못이 박혀 있었다.

무슨 소리가 나면 이를 내놓고 짖어대는데, 그 소리는 늑대의 울음소리와 같았다.

틀림없이 인간이었으나 아무리 보아도 인간다운 점은 하나도 찾아볼 수 없었다.

아니 인간답기보다는 두 어린이는 틀림없는 늑대였다.

추정컨대, 산중에 버려진 갓난아이를 어미 늑대 굴속에서 양육했으리라 짐작되었다.

처음에는 늑대형제들과 함께 어미 늑대의 젖을 먹고 좀 성장한 다음부터는 어미 늑대가 잡아오는 짐승의 고기를 먹고 자랐으리라.

씽 목사 부부는 이 늑대 어린이를 인간세계로 되돌아올 수 있도록 정성을 다해 노력했지만 결국 인간으로서의 성장을 가져오게 하지는 못하였다.

인간에게 발견된 지 9년 만에 큰 어린이는 가마라 라는 병으로 세상을 떠나게 된다.

이 이야기는 인간에게 좋지 못한 환경이 주어질 때에 인간답게 성장할 수 없다는 것을 말해준다.

말하자면 인간으로 성장하기 위해서는 문화적인 환경이 요청된다는, 즉 교육의 힘이 인간을 만들어주는 것임을 입증해준다.

가마라는 틀림없이 인간으로 태어났지만 인간 문화에 접하지 못함으로써 그만 사람 아닌 늑대가 되고 만 것이다.

그러나 이 이야기는 그 이상의 것을 우리에게 시사해준다.

그것은 인간의 능력이나 인간다운 성격이 어린 시절에 결정된다는 사실이다. 야생인간 가마라를 인간세계로 되돌아오도록 하기 위한 끈질긴 노력도 결국 허사였다는 것은 어린 시절에 인간다운 교육을 받지 못했을 때에 그 회복이 가능하지 못하다는 것을 말해준다. 이 현상은 동물실험에서도 밝혀진 바 있다.

그 실험은 대략 다음과 같은 것이다.

오리새끼가 태어나자마자 오리와 함께 키우지 않고 병아리와 함께 자라게 한다.

오리가 "꽥꽥" 거리는 울음소리를 배워야할 시기가 지난 다음 병아리와 함께 자란 오리를 어미오리가 있는 데로 옮겨온다.

그랬을 경우 오리는 오리소리를 내지 못하고 닭소리만 내는 것이 아닌가.

이와 같이 어린 시절에 배워야 할 것을 배우지 못하게 되면 성장한 다음에는 영영 그것을 배울 수가 없게 된다.

여기에서 우리는 적절한 유아교육의 필요를 절감하게 된다.

유아시기에 개발되어야 할 능력이 발달되지 못하면 성장한 후에는 그 능력을 발달시킬 수가 없기 때문이다.

우수두뇌는 바로 어린 시절에 제대로 된 환경에서 그 두뇌를 개발할 수 있는 교육에 의하여 가능해진다.

최근에 생리학자들은 인간의 뇌세포가 만 3세까지의 시기에 70~80%의 발달을 가져온다는 충격적인 연구결과를 발표한 바도 있다.

어린이가 출생했을 때 뇌세포는 아직 미미한 것이다.

그러면 그것이 생후 9개월에 뇌세포는 2배로 늘어나고 만 3세가 되었을 때에는 어른의 70~90%에 해당하는 발달을 가져온다는 것이다.

두뇌가 가장 왕성하게 발달하는 이 시기에 우수두뇌가 될 수 있도록 교육하고 개발하는 일이 중요하다는 말이다.

그런데 이 시기는 아직 학교에 들어가기 이전의 시기이다.

아직 유치원에도 가기 전이다.

이 시기는 전적으로 어머니와 아버지에 의하여 보호받고 교육받는 시기이다. 말하자면 가정교육에 의하여 능력을 개발하여야 할 시기인 것이다.

그런데 유태인은 일찍부터 이 시기의 중요성을 인식하고 있었던 것이다. 그들은 인간의 일생에 있어서 가장 중요한 이 시기를 놓치지 않고 어린이의 두뇌를 개발하는 교육을 하고 있는 것이다.

전자계산기에 비유하면 배선을 고르고 튼튼하게 하여 모든 정보를 신속하게 처리할 수 있도록 하는 것이다.

여기에 유태인의 우수두뇌는 결코 유전이나 혈통의 소산이 아니다. 그것은 시기를 놓치지 않는 유태인의 가정교육의 결정이며 주이슈 마더의 현명하고 헌신적인 유태교육의 결실이다.

그러면 우수두뇌를 배출하는 유태인 가정교육의 실체를 알아보자.

배움의 즐거움을 체험시킨다.

어린이가 자라나는 과정을 관심 깊게 관찰한 어머니는 어린이가 무엇인가를 배우려고 하는 의욕이 얼마나 강한가를 쉽게 발견했을 것이다.

어린이가 말을 배울 때의 광경을 생각해 보자.

한 마디의 말을 배우기 위해서 혼자 중얼거리며 되풀이해서 발음을 해보는 모양을 볼 수 있다.

누가 시키는 것도 아니요 말을 배우지 못한다고 채찍질을 하는 것도 아니다.

그러나 어린이들은 자발적으로 말을 배우려고 몸부림친다.

그러니까 퍽 오래전의 일이다.

첫 딸애가 네 살인가 되었을 때의 일이다. 하루는 집에 돌아온 나에게 딸애는 자랑스럽게 말하는 것이다.

"아빠, 나 글자를 쓸 수 있어."

"네가 언제 글을 배웠기에 글자를 쓸 수 있다는 거냐?"

의아해 하는 내가 보는 앞에서 딸애는 아라비아 숫자를 1부터 또박또박 적어가는 것이 아닌가.

아니 글을 쓴다기보다도 그린다고 해야 할 것이다.

취학 전에 문자나 기호를 가르치는 것을 반대해 온 처지라 아라비아숫자를 가르쳐준 애 엄마에게 나무라는 말을 했으나, 그런 것을 가르쳐준 일이 없다는 것이었다.

알고 보니 그것은 전화기의 다이얼에 적혀 있는 것을 보고 혼자 배운 것이었다.

이 얼마나 왕성한 의욕인가?

어린이는 본시 무엇이 건 배우는 것에 대해서 흥미를 가지고 있다.

미지의 세계를 탐구하고 알려고 하는 강한 충동을 나타내는 것이다.

그리고 무엇이건 모르던 것을 알게 되고 새로운 것을 배우게 되면 혼자서 기뻐한다.

더욱이 새로운 것을 스스로 배웠을 때 어머니의 칭찬과 격려가 곁들이면 즐거움은 더욱 충천한다.

유태인의 어머니는 이와 같은 어린이의 심리를 잘 활용한다.

배움이란 결코 괴로운 것이 아니라 즐거운 것이라는 점을 어린이가 몸에 익히도록 모든 노력을 다한다.

어린이에게 먼저 재미있는 이야기부터 들려준다. 그리고 그 이야기에서 여러 가지를 재미있게 배우도록 한다.

구약성서의 거의 전부가 이야기이며, 그것은 모두 어린이들에게 흥미 있는 것들이다.

모세가 이스라엘 민족을 이끌고 애굽을 탈출하여 홍해바다의 물을 지팡이로 갈라놓고 극적으로 탈출에 성공하는 이야기, 아직 어린 소년인 다윗이 블레셋군의 장수 골리앗을 돌팔매질로 쓰러뜨리는 엘다 골짜기의 싸움이야기 등 흥미진진한 이야기 거리가 얼마든지 있다.

이 이야기를 듣는 어린이들은 우선 민족의 역사를 배우는 것이 즐겁다.

그것은 하나도 괴롭거나 고통스러운 것이 아니고 무엇보다도 재미있다.

여기에서 어린이들은 배움이란 즐거운 일이라는 점을 체험한다.

나도 언제 글을 배워서 재미있는 이야기를 마음대로 읽을 수 있을까 하는 꿈을 알게 된다.

우리도 어린 시절 할머니에게 들은 소금장수의 이야기가 얼마나 재미있었으며, 그것에 의해서 많은 것을 배우게 된 것을 기억한다.

유태인의 가정에서는 가족이 모이는 기회가 있을 때마다 수수께끼를 등장시킨다.

저녁식탁에 아버지는 반드시 하나의 수수께끼를 출제하도록 되어 있다.

어린이가 네 살이나 다섯 살 정도일 때에는 우리 주변에서 흔히 볼 수 있는 구체적인 사물을 가리키는 수수께끼를 낸다.

"깎으면 깎을수록 커지는 건 뭐지?"

정답은 물론 구멍이다.

또 아버지는 손뼉을 짝짝 치면서,

"이렇게 짝짝하는 건 뭐지?" 한다.

어린이는 우선 생각한다.

그리고 재미가 있다.

대부분의 어린이는 바로 정답을 알아맞히지 못한다. 그러나 아버지는 정답을 알아맞히도록 유도한다.

눈꺼풀이라는 정답이 나오게 되면 기뻐 어쩔 줄을 모른다.

이것은 대단히 좋은 사고력의 훈련이 된다.

어린이가 6, 7세 정도이면 수수께끼는 추상적이 된다.

"어느 나라 말이나 다 할 수 있는 건 누구지?"

정답은 산울림이다.

좀 더 어려운 문제도 출제한다.

"어느 농부에게 세 아들이 있었는데, 그가 죽을 때에 유언하기를 집에 있는 17마리의 소 중에서 장남에게는 절반을 주고 차남에게는 3분의 1을, 그리고 막내에게는 9분의 1을 주도록 하였다.

각각 몇 마리씩 나누어 가지면 되겠는가?"

세 아들은 어떻게 나누어야 좋을지 몰라 마을의 랍비에게 의논하러 갔다.

그랬더니 소 한 마리를 더 주면서 이것을 보태어 나누라고 하였다.

소 한 마리를 더하니 소는 18마리가 되었으며, 그것의 절반인 9마리는 장남이 갖고, 차남은 3분의 1인 6마리를, 그리고 막내는 9분의 1인 2마리를 가졌다.

그랬더니 소 한 마리가 남아서 랍비에게 돌려주었다.

가정에서 몸에 익힌 배움에 대한 의욕은 학교에서도 지속되도록 한다.

그리고 학교공부도 가정에서 옛날이야기를 들으며 배우는 것과 마찬가지로 즐거운 일이라는 점을 강조한다. 배움이란 꿀과 같이 달콤하다는 인상을 가지도록 한다.

유태의 유치원이나 초등학교에서 1학년생이 처음으로 등교하는 날, 그 날은 신입생에게 공부는 사탕처럼 달콤하다는 것을 가르치는 날이다.

선생은 22자의 히브리 알파벳을 적은 종이를 준비하고 손가락에 꿀을 찍어서 알파벳을 쓰게 한 다음 손가락을 빨아먹게 한다. 또는 알파벳이 적혀 있는 과자를 준비하는 학교도 있다.

어린이들에게 손가락으로 알파벳을 찍어서 빨아먹도록 한다.

이것은 모든 공부는 즐겁고 달콤한 일이라는 인상을 주기 위한 것이다. 어릴 때 받은 인상은 일생동안 잊혀 지지 않고 계속된다. 그럼으로써 공부에 대한 혐오감을 갖지 않도록 하는 것이다.

이와 비교할 때 우리의 현실은 너무 거리가 있는 것 같다.

어린이나 중학생을 막론하고 너무 힘겨운 공부를 하고 있다.

'지긋지긋한 공부'라는 생각으로 꽉 차 있다. 그러기에 일단 상급학교에만 진학하면 홀가분한 해방감을 맛본다.

이제 좀 더 많은 것을 공부할 수 있는 기회가 왔다고 생각하기도 그 지긋지긋한 공부에서 해방되었으니 이제는 마음대로 놀아보자는 것이 우리나라 학생들에게 발견되는 일반적인 경향이라고 해도 과언은 아니다.

여기 서로 다른 두 개의 태도를 비교해 보자. 어느 쪽에서 우수두뇌가 배출되겠는가!

미지의 세계를 마음껏 탐구 시킨다

유태의 어린이들은 아직 학교에 가기 전부터 미지의 세계에 대해서 광범위하게 탐색할 수 있는 기회를 가진다.

무엇보다도 종교적인 가정 분위기에서 자라나는 유태의 어린이들은 유태교의 유일신인 여호와에 대하여 생각하게 된다.

유태교에서는 일체의 우상숭배가 금지되어 있다.

모세의 십계명 중 제 1계명이 「나 이외의 다른 신을 섬기지 말라」는 것이며, 제 2계명에 「우상을 만들지 말라」고 되어 있다.

애굽에서 탈출한 유태민족이 광야에서 금송아지를 만들어 숭배했을 때 여호와는 진노하였다.

기독교에서는 하나님의 영상을 그림으로 그리거나 조각으로 만들지만 유태교에서는 여호와를 인간의 형상이나 그 밖의 구체적인 상으로 나타내는 일이 없다.

유태인에게는 여호와는 구상화 할 수 없는 추상의 영역에 속한다.

이렇게 추상적인 영역에 속하는 여호와를 생각하게 하는 것은 구체적인 미지의 세계만이 아니라 눈으로 볼 수 없는 추상의 세계를 탐구하게 하는 계기를 만들어준다.

유태인 어린이에게 있어서 눈으로는 볼 수 없으나 확실히 존재하는 여호와를 생각하는 것은 풍성한 지식자극이 될 뿐만 아니라 모든 일을 깊이 생각하고 모르는 것을 탐구하는 태도를 길러준다.

유태인 가정에서 볼 수 있는 또 하나의 특징은 어린이에게 질문의 기회를 얼마든지 주고 있다는 사실이다.

어린이가 3세 정도까지는 그 나이를 넘게 되면 퍽이나 적극적으로 나온다.

4세 정도가 되면 이미 단순한 모방에 의해서 수동적으로 배우려는 자세를 벗어나 능동적으로 질문하고 자발적으로 학습하려고 한다.

유태인의 가정교육은 어린이에게 질문의 기회를 줄 뿐만 아니라 오히려 질문하도록 자극한다.

유치원이나 초등학교에 처음으로 등교하는 첫날 유태인의 어머니는 어린이에게 이렇게 말한다.

"오늘 학교에 가면 훌륭하신 선생님을 만나게 될 텐데 무엇이든지 모르는 것이 있으면 선생님께 여쭤보아라."

우리나라의 경우와는 너무나 판이하게 다른 것 같다.

우리나라의 어머니들은 대개의 경우 이렇게 말한다.

"오늘 학교에 가면 선생님의 말씀 잘 들어야 한다. 선생님이 시키는 대로 해야 돼."

어린이가 4, 5세경이 되면 이른바 질문기에 들어간다.

눈에 보이는 것마다 무엇이냐고 물어본다. 많은 경우에 어머니를 성가시게 만들거나 당황하게 만드는 질문을 계속적으로 제기한다.

이것은 어린이가 미지의 세계를 탐구하려는 의욕을 나타내는 것이다. 이렇게 모르는 것을 알려는 호기심이 있기에 어린이들은 어른의 세계를 배우고 마침내 어른이 된다. 그렇게 되면 또 다른 세대가 그들에게 질문을 해온다.

어린이의 호기심은 지적 성장은 필수적으로 있어야하는 것이다. 만일 어린이의 지적 호기심을 제대로 충족시켜주지 못하면 어린이의 지능발달은 그만큼 뒤지게 된다.

유태인의 어머니는 이 점을 충분히 이해하고 새로운 것을 배우려고 하는 어린이의 호기심을 적절히 충족시켜준다.

유태인 가정에서 어린이의 빈번한 질문은 결코 어머니를 짜증나게 만드는 일이 아니다.

귀찮을 정도로 질문을 많이 하는 것이 칭찬과 보상의 대상은 될 수 있을지언정 결코 꾸지람의 대상이 되지는 않는다.

"엄마 저건 뭐야?"

라는 어린이의 질문에 대하여

"뭐긴 뭐야, 아무것도 아니지!"

"엄마 왜 해는 하늘에 떠 있어?"

라는 좀 더 고차적인 질문에 대하여

"왜 그렇긴 왜 그래. 낮이니까 그렇지."

만일 이렇게 무성의하게 그리고 귀찮듯이 대하는 어머니가 있다면 한 번 생각해 볼 일이다.

현대 심리학은 어린이의 미지의 세계에 대한 적극적인 탐구가 그들의 지능발달을 크게 자극한다는 것을 밝혀낸 바 있다.

반대로 적극적인 탐색활동을 제지받으면 지능의 발달이 정체된다는 사실도 입증되었다.

지능이 낮은 어린이들의 자라나온 역사를 조사해보면 어려서 충분한 감각적 자극을 받지 못하였거나 그들의 탐색하고자 하는 호기심을 자극하지 못하는 환경에서 자라난 어린이가 압도적으로 많다.

심리학자들은 동물실험에 의해서 이 사실을 측면에서 지원할 수 있는 증거를 제시하고 있다.

한 떼의 쥐를 마음대로 활동할 수 있는 이른바 '자유 환경'에서 키운다. 쥐가 수개월 성장한 다음 미로학습을 어느 쪽이 빨리 하는가를 비교해보면 '자유 환경'에서 자란 쥐가 월등하게 빠른 속도로 미로를 학습한다.

'자유 환경'에서 자란 쥐의 학습능력이 그만큼 높으며 그것은 머리가 좋다는 말이 된다.

이런 점으로 미루어보아 어린 시절에 완성한 탐구를 한다는 것은 지능의 발달을 촉진시킨다는 점에 대해서 의심의 여지가 없다.

추상적인 것을 생각하고 상상해보고 하는 경험, 그리고 질문에 의해서 하나하나의 의문을 풀어가는 경험 그것은 추상적인 사고력을 기를 뿐만 아니라 창의적인 착상을 자극하는 계기도 된다.

창의력은 눈에 보이지 않는 추상적인 것을 생각하고 상상하는 데에서 비롯된다. 그리고 이 창의력이 있음으로 해서 새로운 아이디어가 발생되고 새로운 발명이 있을 수 있다.

유태인의 눈으로 볼 때 아마도 우리 교육의 가장 큰 결점은 바로 이 창의력을 개발하지 못하는 데 있을 것 같다.

가정이나 학교에서 요구하는 것은 이미 정해진 틀의 범위 안에서 생각하도록 하는 것이다. 그 틀에서 벗어나는 생각은 엉뚱한 것이며 그와 같은 엉뚱한 생각은 용납되지 않는다.

문제가 있으면 언제나 한 가지의 답만이 정답이고 그 밖의 것은 모두 틀린 것이라는 생각에 너무 강박적으로 사로잡혀 있다.

어린이의 생각은 하늘의 구름처럼 떠돌아다녀야 한다. 어느 한 곳에 고착되지 않고 어느 하나의 생각에 집착되지 않고 자유스럽게 상상의 세계를 넓혀 나갈 수 있을 때 어린이의 생각은 자라고 장차 독창적인 착상을 할 수 있는 기틀이 마련된다.

아마도 유태인 어린이의 상상의 세계는 저 넓은 하늘처럼 넓게 트여 있을 것이다.

잠자리에서 책을 읽어주는 엄마

유태인의 어머니들이 하루를 보내는 일과 중에는 잠자리에 든 어린이에게 책을 읽어주는 일이 포함되어 있다. 물론 나이가 아주 어린 애에게는 자장가를 들려주거나 음악을 들려주지만 적어도 세 돌이 지난 어린이에게는 반드시 책을 읽어준다.

침대에 누운 어린이가 잠들기 전에 침대 옆에 앉아 다정한 음성으로 소곤소곤 책을 읽어간다. 낮에 꾸짖는 일이 있거나 잘못된 행동 때문에 아버지에게 야단을 맞는 일이 있거나 해서 불안해하거나 침울해 하는 일이 있으면 먼저 어머니의 자애로운 손길에 의해서 기분을 풀어준다. 그리고 한참 책을 읽어가다 보면 어린이는 고이 잠든다.

이것은 유태 어머니의 중요한 일과의 하나이다. 하루의 일과가 피곤하고 아무리 바쁜 일이 있더라도 베드 사이드 스토리를 들려주는 것은 주이슈 마더의 의무로 되어 있다.

이와 같은 베드 사이드 스토리는 무엇보다도 어린이의 언어에 도움을 준다. 한참 말을 배우고 익히려는 어린이에게 풍부한 어휘를 공급해준다.

어린이는 새로 듣는 어휘가 있을 때 어머니에게 그 뜻을 물어보거나 경우에 따라서는 문맥을 통해서 자기 나름의 이해를 한다.

이렇게 해서 어린이가 4세 정도가 되면 평균 1,500개의 어휘를 습득하게 되나 유태의 어린이는 그것보다 훨씬 많은 수의 어휘를 이해하고 있다는 보고가 있다.

어머니가 읽어주는 이야기를 듣는 것은 완전한 표현방식을 습득하는 지름길이 된다.

어머니의 구두표현만을 듣고 말을 배웠을 때 그것은 불안전한 표현이 되기 쉽다. 아무리 조심성 있게 말을 하더라도 구두로 표현한 것은 책에서 문장으로 표현한 것보다 허술하기 마련이다.

연구자들의 보고에 의하면 사회계층이 낮은 가정에서 어머니가 어린이들에게 일상 하는 말을 조사해 보면 그 대부분이 불완전한 문장으로 되어 있거나 문장이라기보다도 그저 어휘를 나열하는 식의 짤막짤막한 표현이라고 한다.

이런 불완전한 어머니의 표현을 모델로 해서 말을 배우게 되면 거기에서 아름다운 표현방식을 기대하기 어렵게 된다.

스토리를 통해서 어린이들은 여러 가지 개념을 배우게 된다. 길이의 개념, 무게의 개념, 색채의 개념, 사람과 자연과의 관계, 원인과 결과의 관계 등 어린이들이 보다 고차적인 생각을 하기 위하여 배워야 할 점은 너무나 많다.

유명한 이솝우화 중에는 재미있으면서도 어린이들에게 가르쳐 주어야 할 개념을 소재로 한 것이 많다. 이야기 중에는 여러 가지 개념이 이야기 줄거리에 스미어 있기 때문에 그런 이야기를 여러 차례 듣는 동안에 어렵지 않게 개념을 습득하게 된다.

인간이 만물 중에서 가장 머리가 좋다는 것은 인간만이 추리력, 상상력, 비판력, 창의력과 같은 이른바 고등정신 능력을 가지고 있기 때문이다. 그런 고등정신 능력은 바로 언어능력을 기초로 해서 발달된다는 것을 생각하면 인간의 강점은 언어를 가지고 있다는 것이 된다. 언어가 있기에 인간은 추상적인 생각을 할 수도 있고 또 만들 수도 있다.

오래전에 심리학자의 오랜 연구결과가 발표된 것이 있다.

미국의 한 심리학자 부부는 의논한 끝에 그들의 아들이 태어난 날 동물원에서 출생한 침팬지─동물 중에서는 가장 머리가 뛰어나다고 하는 원숭이와 유사한 짐승 한 마리를 양자로 맞아들인다. 인간으로 태어난 아들과 침팬지 양자는 친형제처럼 심리학자 부부의 양육을 받으며 성장한다.

똑같은 것을 먹이고 똑같이 일하며 똑같은 애정을 주면서 양육한다.

약 6개월이 지난 후 인간의 신체적, 정신적 발달은 아직 미미한 상태에 머물러 있다. 그러나 침팬지의 성숙은 인간이 따라가기 어려울 정도로 빠르다.

1년이 지난 후 침팬지는 마당을 뛰어다니며 놀 정도가 되었지만 인간은 이제야 걸음마를 시작할 정도밖에 되지 못한다.

그러나 1년 반이 지나면서 인간은 말을 배우기 시작하였으나 침팬지는 웬만한 말을 알아듣기는 하나 말을 하지는 못한다.

여기에서 인간은 침팬지의 앞서가는 발달을 앞지르기 위한 속력을 내기 시작한다. 2년이 지나면서 인간의 발달속력에는 가속력이 붙게 되고 상당한 정도의 언어를 구사하면서부터는 침팬지가 흉내 낼 수 없는 추리력을 나타내기 시작한다.

인간과 침팬지의 경주는 인간의 승리로 여기에서 끝이 난다. 침팬지는 부모형제와의 석별의 정을 나누며 동물원으로 돌아간다.

이 연구결과는 인간의 지능발달에 있어서 언어가 중요한 구실을 한다는 점을 입증해준다.

이 점에서 인간의 최대의 무기는 언어라고 할 수 있다. 이렇게 생각하면 어린 시절 침대 곁에서 읽어주는 어머니의 이야기는 결국 고등정신 능력의 발달을 자극하게 된다는 것을 쉽게 이해할 수 있다.

한편 눈을 돌려 우리나라의 어머니들은 어떠한가를 생각해보자.

물론 다 그렇다는 것은 아니다. 그러나 대부분의 어머니들이 어린이에게 책을 읽어주는 일은 드물다.

그것도 규칙적으로 읽어주는 경우란 거의 없다고 해도 무방할 것이다. 우선 유태인에 비하여 우리들에게는 읽어줄 꺼리가 적다.

유태인에게는 방대한 구약성서가 있고 모든 지혜를 담은 『탈무드』가 있다. 유태의 어린이들은 모세의 흥미진진한 이야기를 두세 번 들으며 노아의 방주 이야기, 고래 뱃속에 들어갔다 나온 요나의 이야기를 몇 번씩이나 듣는다.

성서에 있는 이야기는 아마 일생동안 읽어도 남을 만큼 이야깃거리가 될 것이다.

어린이에게 읽어줄 만한 이야기가 많다는 것만이 중요한 것이 아니다.

그것보다는 유태 어머니들의 태도가 중요한 것 같다. 하루의 일과에서 빼놓을 수 없는 일이 바로 잠자리에서 책을 읽어주는 것이라고 생각하고 또 그것은 어머니의 가장 중요한 의무라고 받아들이는 기본적인 태도가 있음으로 해서 이 일이 가능한 것이다.

풍부한 이야기의 소재가 있고 어린이의 교육을 위하여 모든 정성을 바치는 어머니가 있는 유태의 가정에서 어찌 우수두뇌가 배출되지 않겠는가!

개성을 길러준다

서구사람이 우리나라를 방문했을 때 받은 첫인상의 하나는 개성이 뚜렷하지 못하다는 것이다.

길거리에 지나다니는 사람들의 옷차림을 보더라도 거의 동일한 색깔의 같은 디자인으로 된 옷차림을 하고 있는데 대하여 색다른 인상을 받는다.

여러 사람이 다방에 들어가서 차를 주문할 때에도 개인의 기호를 찾아보기 어려울 정도로 차를 주문하는 것을 흔히 볼 수 있다.

점심을 먹으러 중국집에 들어간 일행이 주문을 할 때

"시간도 없는데 짬뽕으로 통일하지."

하고 성급히 나서는 친구가 있다.

그리고 그 제안은 대개의 경우 받아들여진다.

미국에 공부하러 간 한국 유학생이 처음으로 받는 문화적 쇼크는 미국 학생의 개성이 모두 뚜렷하다는 사실이다.

다른 사람과 똑같이 되지 않고 되도록 다른 사람과 다르게 되려고 하는 미국 학생들의 일반적인 경향을 발견하게 된다.

식당에서 아이스크림을 달라고 하면

"무슨 종류로 드릴까요?" 한다.

아이스크림은 한 가지밖에 없는 것으로 알고 있는 한국 학생이 당황하지 않을 수 없다.

이 이야기는 모두 우리나라의 어린이가 개성 있는 교육을 받지 못하고 있다는 것을 말해준다.

학교에서만이 아니다. 가정에서부터 개성을 길러줄 수 있는 교육을 받지 못하고 있다는 데에 문제가 있다. 『일본인과 유태인』이라는 책으로 유명해진 이자야 벤다산은 일본 문화에 대한 평가를 농경민족이었다는 데에서 찾고 있다.

이웃에서 모를 내면 자기도 내고 비료를 주면 비료를, 김을 매면 자기도 김을 매야 하는 농경문화에 '고잉 마이웨이'(나의 길을 가련다)는 식의 사고방식은 용납되지 않는다는 것이다.

이 점을 반드시 부정적으로 생각할 수 없다는 것이 그의 생각이다.

이웃의 아들이 고등학교에 진학하면 우리 아들도 고등학교에 가야하고 대학에 가면 논을 팔아서라도 대학에 보내야 한다는 것은 결국 이런 의식구조에서 발생한 것이며 그것이 결과적으로 민족의 문화수준을 끌어올리는데 크게 기여했다는 판단이다.

그러나 부정적인 면이 없는 것은 아니다.

'고잉 마이웨이' 식의 사고가 허용되지 않는 문화풍토는 결국 개성을 용납하지 않는 결과를 낳게 한다.

그 원인이야 어디에 있건 가정에서부터 '고잉 마이웨이'의

의식구조를 싹트게 하지 못할 때 독창적이고 창조적인 능력을 기대할 수 없게 된다.

이에 비하여 유태의 가정교육은 어린이 개성을 최대한으로 존중하고 그것을 더욱 신장시키는 데 중점을 둔다.

유태가정에서는 어린이에게 「남보다 우수하게 되기보다 타인과는 다르게 되라」고 가르친다.

이 문제와 관련하여 아인슈타인을 생각할 수 있다. 20세기의 가장 위대한 과학자 아인슈타인의 경우이다.

아인슈타인은 1879년 도나우 강 기슭에 있는 조그만 마을에서 태어났다. 한 살 때에 부모를 따라 뮌헨으로 이사를 와서 그곳에서 성장하였다.

아인슈타인은 어려서 말을 제대로 하지 못하는 열등아였다.

초등학교에서 입학한 다음 학교성적은 좋지 못하고 게다가 비사교적이었기 때문에 반에서는 존재 없는 학생이었다.

아인슈타인의 학교생활 기록부에는 「무엇을 하든 성공할 가능성이 희박하다」라고 적혀 있을 정도로 그는 지진아였고 열등학생이었다.

그러나 아인슈타인의 부모는 그에 대하여 조금도 실망하지 않았다.

그가 비록 학교공부는 못하지만 그에게는 어떤 장점이 있을 것이라고 확신하고 있었다.

마음의 상처를 안고 학교에서 돌아오는 아들의 기분을 풀어주고 좀 더 자신을 가지고 공부하도록 늘 격려하였다.

중학교에 진학한 후에도 그의 성적은 역시 좋지 못하였다.

오히려 학교에 대하여 불평을 늘어놓기 일쑤였다. 학교 공부에서는 강압적으로 주입만을 시키려는 데 염증을 느낀 것이다.

후일 아인슈타인은 '초등학교 선생님은 모두 장교로 보였다.'라고 회상하고 있다.

학교에서는 빛을 보지 못한 아인슈타인이지만 집에만 오면 늘 자신을 격려해주고 사고하게 하는 부모님을 대할 수 있었다.

특히 아인슈타인의 어머니는 항상 그의 편이 되어주고 학교 공부에서 열등한 것을 만회할 수 있는 길이 있다는 것을 늘 강조하였다.

아인슈타인은 토막지식을 달달 외어서 시험이나 잘 치는 공부가 아니라 혼자서 생각하고 추리하고 발상하는 능력이 우수하다는 것을 그의 어머니는 알고 있었다.

이와 같은 어머니의 사랑, 자신과 용기를 잃지 않도록 격려하는 가정교육, 그리고 개성을 존중하고 그것을 최대한으로 길러주는 부모의 태도가 상대성이론을 발견한 세계적 물리학자로 그를 키워냈으리라.

학교성적에 대하여 일희일비하는 민감한 반응을 보이는 우리나라의 부모에게 아인슈타인의 일화는 퍽이나 교훈적일 수 있다.

학교성적이 쓸모없는 사람으로 생각하는 통념은 확실히 잘못된 것이다. 모든 사람에게 개성이 있고 그 개성은 모두 학교 공부에만 적합한 것이 아니다.

이 개성을 무시하고 어느 한곳으로만 자녀를 몰아넣을 때 무리가 생긴다. 학교 공부에서는 성적이 좋지 못하지만 다른 면의 능력을 개발할 수 있는 소지를 가진 어린이도 있고 수학은 못하지만 국어능력에 뛰어난 어린이도 있다.

이 평범한 사실을 누구나 인정하지만 그것은 어디까지나 이론적인 면에서 그렇고 실제에서는 그렇지 못한 것 같다.

흔히 어머니들이 이런 불평을 들을 때가 있다.

"네 동생을 좀 봐라! 국어도 백점, 산수도 백점인데 형인 넌 고작 70점이 뭐니?"

형제간에 성적이 다른 것은 당연한 것이다.

모두 개성이 있기 때문에 다를 수밖에 없다.

그런데 부모는 같은 점수를 기대한다는 데에 문제가 있다. 특히 형제간의 능력을 비교하여 면박을 주거나 질책한다는 것은 형제 모두에게 피해를 주는 것이다.

능력이 우수한 편은 자만하게 만들고 능력이 부족한 편은 자신감을 상실하게 만들기 때문이다.

유태의 가정교육은 모든 형제를 독자적인 인격으로 생각하기 때문에 형제가 다른 것을 오히려 환영한다.

유태의 격언 중에 이런 것이 있다. 「형제의 머리를 비교하면 양쪽을 다 죽이지만 형제의 개성을 비교하면 양쪽을 다 살릴 수 있다」 바로 이 격언은 개성의 중요성을 강조한 것이며 또 개성을 길러주어야 할 책임이 가정과 학교와 모든 교육에 있다는 것을 말해준다.

사람은 얼굴이 서로 다른 것처럼 능력, 성격, 태도 등에 있어서 자기 나름의 독특한 개성을 지닌다.

이 개성이 최대한으로 개발되고 신장될 때 한 개인의 가치는 발휘된다.

이것을 심리학자들은 자아실현이라고 한다.

조기 외국어 교육

유태인은 무엇보다도 어재(語才)가 있다는 말을 많이 듣는다.

그럴 수밖에 없는 것이 유태인은 보통 두 나라 이상의 말을 자유롭게 구사할 수가 있기 때문이다.

더욱이 고등교육을 받은 유태인이면 적어도 3, 4개 국어를 하는 것이 당연한 것으로 되어 있다.

히브리어의 영어, 독어, 불어, 아르메니아어, 스페인어, 헬라어 등은 유태인이 많이 사용하는 언어이다.

한국학생이 미국에서 박사학위를 공부할 때에 가장 부담스럽게 느끼는 것이 어학이다.

영어도 제대로 마스터되어 있지 않은 처지에 박사학위 어학시험을 보기 위해서는 영어와 한국어를 제외하고 두 개의 어학시험을 치러야 하니 쩔쩔 맬 수밖에 없다.

그러나 유태인 학생은 최소한 어학에서 별로 부담을 느끼지 않는다. 그들에게는 어려서부터 몸에 익힌 외국어 실력이 있기 때문이다.

유태인의 어학적 소질은 결코 천부적인 재능이 아니다.

멀리는 유태민족의 문화적 전통이 그들의 어학실력을 키웠다고 할 수 있을 것이고 가까이는 유태가정의 교육이 유태인의 어학력을 향상시켰다고 할 수 있다.

근 2천년에 가까운 세월, 유태민족은 독립된 나라 없이 이산생활을 계속하였다. 팔레스타인에서 추방당한 유태민족은 구라파 전역에 구석구석으로 흩어졌으며 심지어는 그 옛날 중국에까지 진출하여 부락을 형성하고 살았었다.

이렇게 세계 각지로 흩어진 유태민족이 우선 생존하기 위해서는 먼저 그곳의 말을 배우지 않을 수 없었다.

토착민과 그리스도교들의 박해를 피하기 위해서도 그 지방의 말을 할 줄 알아야 했으며 토지를 소유할 수 없었던 그들이 상업에 의하여 생계를 유지하기 위해서도 모국어가 아닌 외국어를 공부하지 않을 수 없었다.

특히 상업에서 필요한 무기는 능숙한 외국어였다.

이런 실제적인 필요에서는 어린이에게 어려서부터 외국어를 몸에 익히도록 힘써 왔으며 그것이 대부분의 유태인으로 하여금 외국어를 자유롭게 구사할 수 있도록 한 것이다.

19세기 초 미국으로 대거 이민을 시작했을 때의 일이다. 남부 독일 바바리아 지방에 화니셀그만 이라는 여성이 있었다.

남편은 방직 공장의 직공을 하고 있었기 때문에 생활은 그리 넉넉한 편이 되지 못했다.

그러나 그녀는 전형적인 유태의 어머니였다. 어려운 생활속에서도 모든 정성을 다하여 자녀 교육에 바치고 있었다. 장남인 요셉을 어떻게 해서든지 대학에 진학시켜야 한다고 마음먹고 있었다.

남편과 의논하였지만 남편의 수입으로는 아들을 대학에 보낼 수 없는 형편이었다. 그러나 평생 동안 푼푼히 모아놓은 비상금을 쓰기로 하였다.

모진 박해 속에 살아온 유태인에게는 언제 재난이 밀어닥칠는지 모르기 때문에 늘 일정의 비상금을 마련해 놓고 있다.

지금은 사정이 달라졌지만 한국에 살고 있는 중국 사람이 집에 돌아갈 수 있는 여비 정도는 늘 비상금으로 가지고 있는 경우와 흡사한 것이다.

어머니의 결단에 의해서 요셉은 에어란겐 대학에 입학할 수 있었으며 그곳에서 요셉은 다른 어떤 공부보다도 어학실력을 높이는데 주력하였다.

그것은 물론 어머니의 지도에 의한 것이었다.

대학에서 요셉은 헬라어, 영어, 불어를 습득했으며 이미 어려서 몸에 익힌 독일어, 히브리어와 이디슈어를 합치면 6개 국어를 비교적 자유롭게 구사할 수 있었다.

대학을 졸업한 요셉에게 어머니는 이렇게 말하는 것이었다.

"요셉아, 너는 이제 미국에 가서 너의 실력을 마음껏 발휘해라. 네게는 돈이 없지만 돈과 바꿀 수 없는 어학실력이 있지 않니?"

지혜 있는 자에게 신대륙 미국은 가나안 복지와도 같은 곳이었다.

요셉은 돈 1백 불을 가지고 미국으로 건너갔지만, 그곳에서 금융업을 일으켜 크게 성공하였다. 많은 유태인들이 그를 '셀그만 산맥'이라고 부를 정도로 거부가 되었다.

후일 요셉 셀그만은 그의 성공의 원천이 어머니의 정성어린 교육과 6개 국어를 구사할 수 있는 어학실력 덕분이었다고 술회하고 있다.

정신분석학의 창시자인 프로이트는 어학에는 불편함을 느끼지 않았다. 라틴어, 불어, 독일어에는 전혀 불편함을 느끼지 않았다고 한다.

프로이트의 전기에 의하면 열 살도 되지 않은 프로이트가 라틴어의 어미변화나 헬라어의 문법을 익히기 위해서 벽에다 써 붙이고 공부했다는 에피소드가 전해지고 있다. 그것을 보더라도 프로이트는 이미 초등학교 시절에 여러 나라 말을 배웠다는 것을 알 수 있다.

확실히 외국어에 능통하다는 것은 학문을 하거나 사업을 하거나 대단히 중요한 무기가 된다. 구체적인 통계를 잡아보지는 않았지만 우리나라 대학에서 공부를 잘한다는 것은 결국 어학실력이 있다는 것과 동일하다는 것을 알 수 있다.

대학에서 어학실력이 있으면 일단 공부를 잘하는 학생이라고 판단해도 무방할 경우가 대부분이라고 말이다.

이런 점으로 보아도 우리의 가정교육은 재고해야 할 것이 많은 것 같다.

한문을 외국어라고 볼 수는 없지만 전통적으로 우리 가정에서는 천자문을 어려서부터 가르쳐왔다. 네 살에 천자문을 떼고 다섯 살에 소학을 읽었다는 경우는 얼마든지 볼 수 있다.

그러나 이런 전통은 요즘에는 찾기 어려운 것 같다. 물론 학교에서 한문교육이 폐지되었기 때문에 자라나는 어린이에게 불필요한 부담을 줄 필요가 없다는 이론이 있을 것이다.

그러나 한문은 한문 자체로서만 아니라 한자문화권에 있는 외국어를 공부하는데 도움이 된다.

중국어는 물론 일본어를 배우는 데도 한자에 대한 지식은 필수적으로 요청된다.

나는 서슴치 않고 가정에서 천자문을 가르치라고 권하고 싶다. 그것은 어린이의 왕성한 학습의욕으로 보아 별로 부담이 되지 않는다.

비단 한자뿐이겠는가? 일본어도 좋고 영어도 좋다. 일본어에 비하여 아직 많은 사람들이 감정적인 반응을 일으키지만 그 감정을 정리하고 현실에 용감히 직면해야 할 시기가 되었다.

길거리에서 지나가는 관광 안내원이 조그만 깃발을 따라 줄지어 가는 키가 작은 무리들이 지껄여대는 소리가 확실히 귀에 거슬린다.

그렇다고 가정에서 일본어를 가르치는 것이 결코 국적을 떠난 교육이 아니다. 유태인은 독일 나치에 그토록 혹독한 박해와 학살을 당했으면서도 독일어를 열심히 가르쳤다.

그들에게는 그것으로 민족의 정신을 잊어버릴 수 없다는

자신이 있는 것이다.

우리도 자신을 가지고 가르치면 될 것이다. 일본어에 통달한다는 것은 사업뿐만 아니라 학문세계에서도 대단히 유리하다는 것은 부인할 수 없는 사실이다.

2세 교육은 신에 대한 의무이다

유태민족은 오로지 교육에 소망을 건 민족이다. 어떤 역경속에서도 자녀교육만은 끝까지 시켜야 한다는 생각은 결코한 두 사람만의 것이 아니다.

유태인에게는 문맹자가 없다는 말도 충분히 수긍할 수 있다. 민족의 장래가 교육에 달려 있고, 그러기에 참된 교육만이 민족의 소망이라고 생각한다.

그러므로 그들의 교육열은 대단하다.

「예루살렘은 멸망할지라도 유태의 교육만은 계속되어야한다」는 예루살렘의 최후 당시의 랍비 아끼바의 정신이 그대로 계승되어 있는 것이다.

유태인의 교육열은 그들의 모든 생활규범이 그러하듯이 그들의 종교와 밀접한 관계가 있다. 자녀에 대한 교육은 바로 여호와에 대한 의무라고 생각한다. 그것은 우리는 유태인에게 전해지는 다음과 같은 이야기에서 알 수 있다.

그 옛날 모세에게 당시 여호와께서 이 세상에 내려오셨다. 그리고 사람들에게 말씀하셨다.

"이 세상에서 가장 값진 선물을 주러 왔노라."

유태인의 지도자 모세는 대단히 기뻐하였다. 이 세상에서 가장 값진 선물을 주시겠다고 하니 기쁘지 않을 수가 없다.

그러나 그것을 그냥 받을 수는 없다고 생각하였다. 그 선물 대신 무엇이건 여호와께 바쳐야겠다고 생각하였다. 그래서 여러 지도자들과 상의했다.

대부분이 우리가 가지고 있는 값진 보석을 바치자고 하였다.

이 말을 들은 여호와는,

"그것은 보잘 것 없는 것이다."라고 말씀하셨다. 당황한 지도자들은 숙의에 숙의를 거듭하였다.

그러자 한 현자가 제안하였다.

"우리가 가지고 있는 것 중에서 가장 값진 것을 바치면 될 것이 아니겠는가?

우리에게 거장 소중한 것은 무엇이겠는가? 그것은 우리의 장래이다. 한데 우리의 장래를 형태로 나타내면 그것은 우리들의 자녀이다."

그래서 모세는 우리의 자녀를 여호와께 모두 바치겠다고 말하였다.

여호와께서는 기뻐하시며 다음과 같이 말씀하셨다.

"자녀들을 내게 바친 너희들에게 이 세상에서 가장 귀한 선물, 성서를 주겠노라. 그리고 어린이들을 너희에게 맡길 터인 즉 열심히 성서를 가르쳐 훌륭한 사람이 될 수 있도록 하라."

이와 같이 종교적 배경에 의해서 유태인은 자녀에 대한 교육이 곧 여호와 신에 대한 공경이라고 생각한다. 그들의 자녀는 여호와께서 맡겨 놓은 자녀이며 이들에게 성서를 충실하게 가르치는 것은 여호와 신에 대한 인간의 의무를 수행하는 것이다.

유태의 어린이들이 가정에서 부모에게 듣는 이야기는 여러 가지가 있으나 그 중에서 빼놓을 수 없는 것은 아끼바와 히레루의 이야기이다. 아끼바는 예루살렘이 로마군에게 멸망될 때 로마군 사령관을 찾아가 예루살렘 성안의 학교건물을 보존해 주도록 간청을 한 바 있는 랍비이다.

아끼바는 본래 양치는 목동이었다. 낫 놓고 기역자도 모르는 무식꾼이었으며 어느 부잣집에서 머슴살이를 하고 있었다.

그러던 아끼바가 주인집 딸과 사랑하는 사이가 된다. 이것을 안 주인은 노발대발하여 아끼바를 쫓아낸다.

집에서 쫓겨난 두 젊은이는 결혼을 한다. 그리고 아끼바의 부인은 남편의 무식함을 한탄한 나머지 이제라도 늦지 않았으니 학교에 가도록 권한다.

그러나 아끼바는 내 나이 이미 40을 넘겼는데 이제 무슨 공부를 할 수 있겠는가. 라고 하며 거절한다. 양치는 일 밖에 배운 것이 없었으므로 아끼바는 매일 양떼를 몰고 이곳저곳을 다니며 먹이를 먹이는 것으로 세월을 보낸다.

그러던 어느 날 아끼바는 목이 말라 조그만 개울가에 가서 엎드려 물을 마시려는 순간, 그 개울속에 있는 조그만 바위에 흐르는 물이 부딪쳐서 흰 거품을 일으키게 하는 것을 발견했다.

유심히 보니 바위의 한쪽이 움푹 패여 있지 않은가. 오랜 세월 물이 스치는 바람에 딱딱한 바위의 형체를 바꾸어 놓은 것이다.

아끼바는 여기서 하나의 진리를 깨달았다.

지식의 물결 속에 내 자신을 던져버리면 딱딱하게 굳어버린 머리도 변화될 수 있다는 생각이었다. 그 뒤 아끼바는 아들과 학교에 다니기 시작했다.

그는 40이 지나서 공부를 시작했지만 마침내 훌륭한 학자가 되었다는 이야기다.

히레루는 아끼바보다 전 시대의 사람이지만 그도 역시 가난한 사람이었다. 산에서 나무를 해다가 팔아서 겨우 생활을 하며 야학에 다니고 있었다.

그러나 추운 겨울날 하루는 학교 지붕에 올라가서 조그만 틈에 귀를 대고 방에서 들려오는 선생님의 말씀을 듣고 있었다.

그러던 중 피곤이 몰려들어 그만 잠이 들고 말았다. 밤사이에 눈이 내려 지붕에서 잠자고 있는 히레루의 몸을 솜처럼 덮어 주었다.

다음 날 아침 마을 사람들은 눈에 덮여 지붕에서 잠자고 있는 한 소년을 발견하고 그를 지붕에서 업어 내렸다. 그 후 히데루는 열심히 공부하여 훌륭한 학자가 되었다.

또한 이 사건은 유태사람들에게 큰 충격을 주었으며 그 이후부터 유태의 학교는 수업료를 받지 않게 되었다. 말하자면 무상의무교육이 처음으로 실시된 것이다.

이 이야기는 유태의 부모가 그들 자녀에게 반드시 해주는 이야기다.

이 이야기를 듣는 어린이들은 그들 나름대로 '배움이 중요하다.'라는 것을 알게 되지만 그것보다 더 중요한 것은, 학교선생이나 랍비가 아니라 부모가 이 이야기를 해준다는 사실이다.

자녀에게 이 이야기를 계속하는 부모들은 그들 나름대로

새로운 의욕을 가지게 된다. 교육이 중요하다는 것, 자녀에 대한 교육은 여호와 신에 대한 의무라는 것을 알고 있기는 하였지만 이 이야기를 하는 동안 다시 새로운 각오와 의욕을 가지게 되는 것이다.

이것을 심리학자들은 '자성적동기' 라고 한다.

우리에게도 이와 유사한 이야기는 있다. 유명한 바보온달의 이야기이다.

중국의 진나라 고사에 차윤이 반딧불로 글을 읽고 손강이 눈빛으로 글공부를 했다는 이야기는 널리 알려진 것이다.

거기에서 '형설의 공' 이라는 말이 생겼다.

우리나라 부모의 교육열도 대단하다. 아마 그 열의만으로 본다면 유태인에게 뒤질 바가 없다. 그러나 교육열의 방향이 다른 것 같다.

유태의 부모는 가정에서 부모가 직접 교육하는 일에 더욱 열의가 있지만 우리나라 부모는 가정에서의 교육보다는 자녀를 학교에 보내고 모든 것을 학교 선생님에게 맡기는데 열의가 있는 것이 아닐까?

물론 양쪽의 열의가 모두 있어야 한다.

가정에서 교육하는 일에도 정성을 다하는 열의가 있어야 하지만 어려운 생활 속에서도 자녀를 학교에 보내는 일에도 열의가 있어야 한다. 어느 한 쪽의 열의가 결핍될 때 그 교육열의 정도는 부족하고 그 열의의 방향이 잘못되기 쉽다.

우리의 경우, 세계에서 그 유례를 찾기 어려울 정도로 왕성한 교육열이 지나치게 밖으로 향해 있는 것 같다. 그 열의를 안으로 끌어들이는 것이 시급하다.

조상대대의 문전옥답을 팔아 자식을 학교에 보내는 교육열은 안으로 돌려 가정에서 그와 같은 정열을 기울이는 일이 필요하다. 아마도 이 점이 우리가 유태민족에게 배워야할 하나의 교훈일 것이다.

제8장

-삶의 지혜를 가르치는 교육-

지식보다 지혜를

유태인의 교육은 가정, 학교, 교회가 혼연일치하여 각기 맡은 바 교육의 기능을 수행하는 데에 그 특징이 있다.

그러므로 한 사회의 교육적 기능을 학교에만 전적으로 의존하지 않고 있다. 오히려 어느 모로 보나 가정교육을 학교교육보다도 상위에 두고 있다.

어린이의 발달로 보아 가정교육이 앞서 있어야 하며 삶에 필요한 가장 기초적인 능력을 기실 가정교육에 의해서만이 개발될 수 있다고 생각한다.

일본에 오래 체류한 바 있는 유태인 랍비 마빈 토케이어가 명백히 지적하고 있는바와 같이 유태인 학교에서는 지식을 배우지만 가정에서는 지혜를 배운다. 지식과 지혜는 일면 같은 것 같으면서도 둘 사이에는 엄연한 구분이 있다.

어떤 어려운 상황에서 무엇을 할 것인가는 지식이 가르쳐 주지만, 어떻게 해야 좋을지 모를 때에 새로운 판단을 하게 하는 것은 단순한 기존의 지식이 아니라 현명한 지혜이다.

오늘 배운 지식은 내일 쉽게 잊어버릴 수 있으나 한 번 몸에 익힌 지혜는 좀처럼 잊어버릴 수 없는 것이다.

지식이 '무엇'에 해당하는 것이라면 지혜는 '어떻게'에 해당된다.

일생의 성공을 위해서 풍부한 지식이 물론 필요하다.

그러나 지식보다 더욱 중요한 것은 현명한 지혜이다.

지식의 소유자는 어떤 문제가 있을 때 그 문제를 해결하는 데 필요한 여러 가지 지식을 가지고 있을는지 모르나 그 문제를 사전에 예방할 수 있는 방법이나, 또 그 지식을 어떻게 구사하는 것이 가장 현명하다는 판단력을 가지고 있지 못하다. 그것은 오직 현명한 지혜의 소유자에 의해서만 가능하다.

한 마디로 말하여 지혜는 판단력이다. 그리고 그 판단력은 무더기의 지식을 습득하기 이전에 길러져야 할 기초능력이다.

그런데 이와 같은 지혜의 교육을 학교공부에만 기대할 수는 없는 일이다. 그것은 학교에서 배우기보다도 가정에서 배워야 하고 또 어린 시절부터 배워야 한다는 것이 유태인의 생각이다.

그럴만한 이유가 있는 것 같다. 유태인에게는 유태민족 4천년의 삶의 지혜를 담은『탈무드』가 있기 때문이다.『탈무드』란 '위대한 연구'라는 뜻으로서, 유태민족 생활규범과 삶의 지혜를 수록한 방대한 책이다. 총 1만 2천 페이지나 되는 방대한 책으로 미루어 보건대 그것을 편찬하는데 몇 백 년이나 걸렸으리라.

그 속에는 수천 명의 랍비가 성서를 중심으로 토론한 내용이 간결하게 수록되어 있으며, 그것은 한 마디로 말하면 유태인의 사고방식과 삶의 지혜, 그리고 유태민족의 불굴의 정신을 담고 있다. 예를 들어 보자.

"사람에게는 입이 하나 있고 귀는 둘이다. 왜 그럴까?"

한 랍비가 이런 질문을 던진다. 그러면 다른 랍비가 이렇게 대답한다.

"말을 하는 것보다는 배나 남의 말을 들어야 하기 때문이다."

얼핏 보기에는 우문우답이다. 그러나 이 대화를 음미하기에 따라서는「현자는 말이 적다」는 유태의 격언이나「웅변은

은이요. 침묵은 금이다」라는 무리의 격언에서 찾을수 있는 것과 같은 산교육을 발견하게 된다.

또 하나의 예를 들어보자. 『탈무드』에는 이런 이야기가 있다.

"만일 머리가 둘 있는 어린애가 탄생했다면 그 어린애는 둘인가, 그렇지 않으면 하나인가?"

이 질문에 대한 한 랍비의 대답은 간결하다.

"뜨거운 물을 한쪽 머리에 부었을 때 양쪽이 모두 비명을 지르면 한 사람이고 한쪽만 소리를 지르면 두 사람이다."

웃어넘길 수 있는 이야기 같다. 하지만 유태인은 이 이야기를 통하여 어린 싹들에게 민족의 정신을 가르치고 있는 것이다. 세계 도처에 흩어져 있는 유태인이 어떤 박해를 받을 때 그것을 곧 자기 자신에 대한 박해로 느끼지 않으면 유태인이 아니라는 교훈을 가르친다.

이 이야기는 유태인의 민족적 정채감이 다른 어느 민족보다도 강한 까닭을 실감 있게 느끼게 한다.

역사학자 밴 룬은 이런 말을 한 일이 있다.

"유태민족은 4천년의 역사를 통하여 책 (토라와 탈무드)과 하나의 건물(예루살렘 성전)을 위하여 온 민족의 정력을 바쳤다."

그토록 유태인에게 있어서 『토라』와 『탈무드』는 소중한 것이며 그것은 민족의 긍지인 동시에 가정교육을 위한 산 교제이다. 이 교제를 가지고 가정에서는 인생을 살아가는데 필요한 현명한 지혜를 가르친다.

물고기의 비유

유태의 격언 중에 「물고기 한 마리를 주면 그것으로 하루를 먹고 살 수 있으나 물고기 잡는 법을 알려주면 그것으로 일생동안을 살 수 있다」는 말이 있다.

이 격언은 유태인의 가정교육의 일면을 잘 나타내어 주고 있다. 부모가 잡은 물고기를 그대로 준다는 것은 기존의 지식이나 재산을 물려주는 것과 다름없는 것이다. 그것보다도 그와 같은 재산이나 지식을 어떻게 얻을 수 있었는가를 채득시키는 것이 중요하다고 생각한다. 말하자면 물질보다도 머리를, 기존의 지식보다도 그 지식을 얻는 방법과 지식을 창조하는 능력을, 즉 지혜를 주는 것이 중요하다는 뜻이다.

유태의 어머니들은 『탈무드』에 있는 이런 이야기를 곧잘 인용하여 어린이들에게 들려주며 교훈한다.

돈이 많은 부자들이 여러 사람 탄 배에 한 랍비가 타고 있

었다. 돈이 많은 부자들은 서로 자기가 돈이 많다고 자랑하였다. 이 말을 듣고 있던 한 랍비가,

"이 중에서 누구보다도 내가 가장 유복한 사람일 거요. 그러나 그것을 지금 보여줄 수는 없소." 라고 말하였다.

얼마 후 그 배는 해적을 만나게 되었는데, 그렇게 돈 자랑을 하던 부자들은 그만 빈 털털이가 되고 말았다.

배가 낯선 육지에 닿은 다음 랍비는 그곳에서 학생들은 모아 가르침으로써 생활하기에 걱정이 없었으나 돈이 많던 부자들은 어찌할 바를 몰라 남에게 동냥을 구하는 신세가 되고 말았다. 이때에 비로소 부자들은 배안에서 랍비가 한 말의 뜻을 몸소 깨닫게 될 수 있었다.

머릿속에 들어 있는 지혜는 누구에게도 뺏기지 않는 자기만의 재산이며 그런 지혜 있는 자만이 이 세상을 현명하게 살아갈 수 있다는 교훈이다.

이 이야기를 읽으면서 내가 아는 여러 명의 월남 동포 생각이 난다.

이북에 있을 때 그들은 부모에게 물려받은 재산에 의해서 아무 걱정 없이 살 수 있었다. 그러나 재산을 모두 뺏기고 월남한 후에 어찌할 바를 몰라 삶을 실패한 사람들, 그들에게는 지혜가 없었던 것이다.

수천 년에 걸친 이민족의 박해와 천시를 받아온 유태인에

게 물질적인 재산은 물거품과도 같은 것이리라. 그러기에 그들에게 필요한 것은 머릿속에 축적되는 지혜이다.

이 지혜가 있으면 어디에 가서라도 살 수 있다는 확신을 교육받은 것이다.

그러면 우리의 교육은 어떠한가?

가정에서나 학교에서나 지식의 무더기를 주입하는데 급급하고 있다고 해도 과언은 아니다. 물고기를 낚는 현명한 지혜를 몸에 익히도록 하기보다도 부모가 잡아놓은 물고기를, 그것도 본인의 의사에 관계없이 강압적으로 먹으라고만 하는 것이 우리의 교육인 것 같다. 가정교육은 가정교사를 뜻하거나 가정에서 입시준비를 시키는 것이라고 생각하는 풍조가 그것을 너무나 잘 나타내주고 있다.

어떻게 해서든지 많은 지식을 습득시켜 입학시험에 통과하도록 돕는 것이 가정교육의 핵심이라고 생각하는 부모가 있다면 그것은 자손에게 일생동안 먹고사는 데 부족함이 없는 재산만 물려주면 부모의 책임을 다하게 되는 것이라고 생각하는 것과 다를 바가 없다.

진정한 의미의 가정교육은 무엇보다도 삶의 교훈을 주는 것이다.

그 교훈에 의해서 몸에 익혀진 지혜는 물질적 재산보다 소중하고 입시를 위하여 축적한 지식보다 강하고 영속적이다.

친절은 현명한 처세

유태인에게 있어서 친절과 선행은 단순히 도덕적인 행위의 문제가 아니다. 그것은 도덕 이전의 종교적인 규범으로 받아들여진다. 그러므로 사람에게 친절하게 대하는 것은 당연한 것이며 부모의 칭찬을 받거나 만인의 칭송의 대상이 될 만한 것이 아니다.

성서에는 친절과 선행에 관한 여러 가지 이야기가 있지만 그 중에서도 소돔과 고모라의 이야기는 널리 알려진 것이다. 소돔과 고모라성의 죄악이 극성하여 멸망시키지 않을 수 없다는 하나님의 진노의 말을 듣고 아브라함은

"그 성에 옳은 사람이 있을 터인즉 그들을 어떻게 하시겠습니까?" 라고 묻는다.

그러자 하나님은 "만일 그 성에 옳은 사람이 열 명 정도만 있어도 나는 그곳을 멸하지 않고 용서하겠다."

라고 약속한다.

그날 저녁 무렵, 하나님은 두 사자를 보내어 현황조사를 하게 한다. 그때 소돔성에 사는 롯이라는 친절한 사람은 그에게 찾아온 두 행인을 보자, 땅에 엎드려 절을 하고 자기 집에서 쉬어가도록 권한다. 그러나 행인들은,

"당신의 호의는 감사하나 우린 거리에서 밤을 지낼 작정이

오.” 라고 대답했다.

이 말에 롯은 펄쩍 뛰었다.

“어디 그러실 수 있습니까. 저희 성읍에 오신 손님을 거리에서 지내시게 해서야 대접이 되겠습니까. 집이 비록 누추하긴 하지만 하루 쯤 쉬어가실 수는 있습니다. 들어오십시오.”

그러자 그들은 롯의 친절에 감동하여 그의 집에서 묵기로 했다. 그런데 낯선 두 나그네가 롯의 집에 묵고 있다는 소문은 삽시간에 온 성안에 퍼졌다.

본시 소돔 사람들은 인심이 고약했다. 타향에서 오는 나그네에게 대접은커녕 친절한 말 한마디 하지 않는 사람들이었다.

그런 사람들이기 때문에 롯이 나그네를 대접한다는 말을 듣자 공연히 흥분해서 떼를 지어 롯의 집에 밀려와 나그네를 내 놓으라고 소란을 피웠다.

이 광경을 본 하나님의 사자는 소돔성에 롯 이외의 옳은 사람은 없다는 것을 확인하고 롯과 그 가족으로 하여금 성을 급히 떠나게 한 다음 유황불로써 두 성을 멸하였다.(창세기 19장 24절)

이 이야기에서 친절한 사람은 옳은 사람, 의로운 사람으로 규정되어 있다. 롯과 같은 친절한 사람이 열 명만 있어도 소돔성은 멸하지 않았을 것이라는 이야기에서 친절은 인생 최고의 지혜이며 그것을 부정하는 행위는 최고의 벌을 받게 된다는 것을 알게 된다.

유태인의 가정에서는 이런 이야기를 어린이에게 들려주고, 남에게 친절히 하는 것은 곧 하나님의 명령이라는 것을 가르친다.

어린 시절부터 가정에서 이런 교육을 받아온 유태인에게 다른 사람에 대한 친절과 선행은 여호와 하나님을 공경하고 그의 뜻을 따르는 것이기 때문에 공공심 이라기보다는 종교적 신앙으로 되어 있다. 그러므로 친절과 선행이라는 덕목을 어린 시절에는 합리적 설명에 의해서보다도 여호와 하나님에 대한 신앙으로서 가르친다.

『탈무드』에는 이런 이야기가 있다.

옛날에 임금님이 그의 신하 한 사람을 임금님에게 빨리 오도록 명령한다. 그 신하에게는 세 사람의 친구가 있는데, 한 사람은 절친한 친구이고 또 한사람은 그렇게 가까운 친구는 아니며 나머지 한 사람은 더욱 가까운 사이가 아니다. 임금님의 부르심을 받은 그 신하는 혹시 임금님에게 야단을 맞을까봐 두려워 세 사람의 친구에게 동행해 줄 것을 간청한다. 가장 가까운 첫 번째 친구는 이 간청을 일언지하에 거절한다. 두 번째 친구는 동행은 하겠지만 대궐 문 앞까지만 함께 가주겠다고 한다. 그러나 평소 가깝게 지낸 일이 없는 세 번째 친구는 의외로 "자네 청이 그렇다면 함께 가주지." 하고 선뜻 응해 준다.

『탈무드』에 의하면 첫 번째 친구는 '재산'이다. 사람들이 평소에 가장 가까이 지내는 것이지만 사람이 세상을 떠날 때 동행해 주지는 않는다.

불가에서 말하는 '공수거', 빈손으로 가게 된다.

두 번째 친구는 '친척'이다. 그도 역시 끝까지 동행 해주지는 못한다. 그가 동행해 줄 수 있는 한계는 결국 무덤까지 만이다. 사람이 세상을 떠난 후에 끝까지 동행하는 것은 세 번째 친구이며 그것은 '선행'이다. 사람이 이 세상에 사는 동안 가난한 사람과 불쌍한 사람을 위해서 베푼 자선, 옳고 의로운 일을 위하여 목숨까지도 바치는 공의의 선행은 그 사람이 죽은 뒤에도 영원히 남고, 따라서 선행은 재산이나 친척보다 더 중요하다는 이야기이다.

어머니의 이런 이야기를 어린 시절에 들은 어린이들이 장차 자라서 어른이 되었을 때 그들의 마음 한 구석에는 언제나 친절과 선행에 대한 기억이 남게 된다.

이렇듯 어려서 형성된 도덕적 가치는 이성적인 판단 이전의 것이기 때문에 그것은 대부분의 경우 감정으로 작용한다.

사람들에게 친절히 대하거나 불쌍한 사람을 보았을 때 자선을 베풀어야겠다는 이성적인 판단에 의해서가 아니라 감정적으로 그런 행동을 하지 않을 수 없는 것이다.

이 점이 도덕적 가치관이 어린 시절에 형성된 것과 어느 정도 나이가 든 다음에 형성된 것과의 차이점이다.

우리나라의 가정교육에서도 친절과 선행을 무척 강조하는 편이다.

매사에 있어서 착한 마음씨를 강조하고 어린이를 칭찬할 때도 '똑똑하다', '기특하다'는 말보다 '착하다' 즉 선하다는 말을 더 많이 쓴다.

어린이에게 들려주는 옛이야기도 사실 그 대부분은 착한 마음씨와 선행을 강조하는 것이다.

철저하게 권선징악을 주제로 한 이야기들이다.

그 대표적인 것이 흥부와 놀부이다.

『흥부전』에 나오는 흥부라는 인간은 사실 어린이들이 본받을 만한 인물이 되지 못한다. 더욱이 오늘의 사회에서는 적응할 수 없는 무능력자이다.

자기 가족을 부양할 만한 능력도 없고 어려운 살림에서 탈피해서 잘 살아보려고 하는 의욕이 있는 사람이 아니다.

그에게 있는 것이라고는 착한 마음씨뿐이다.

그런 마음이 있기에 그는 미물의 상처를 가엾게 생각하고 선행을 베푼다. 그리고 그 선행을 하늘이 가상히 여겨 보상을 받게 된다는 것이 이 이야기의 줄거리이다.

우리 가정에서 어린이에게 들려주는 이야기의 대부분은 이와 대등소이한 것이다.

친절함과 선행을 대단히 강조하고 있다. 그러나 유태의 이야기에서 강조하는 선행과는 기본적인 차이가 있다. 유태의 이야기에서는 공공적 성격의 선행이 강조되는 데 반해서 우리의 경우는 개인적인 선행이 강조되고 있다는 점이다.

민족과 사회의 공동적인 이익을 위한 선행보다는 어떤 개인에게 은혜를 베푼다는 점이 강조된다.

또 하나의 차이점은 선행에 대한 하늘이 내리는 보상의 종류이다. 우리의 경우 대부분의 이야기는 많은 재물을 얻어 잘 살게 된다는 것으로 결론짓고 있다.

그러나 유태의 이야기에는 재물을 얻는 것보다도 지혜를 얻어 훌륭한 지도자가 된다는 것이 많다. 교육적인 관점에서 보면 물질적인 보상보다 정신적인 보상을 강조하고, 개인을 위한 선행이나 자선보다 공공의 이익을 위한 선행이 강조되어야 한다는 것은 너무나 당연한 것이다.

이 점에서 우리는 유태의 교육에서 본받아야 할 점이다.

한 계단 올라서서 친구를 찾아라

사회생활에서 친구가 차지하는 비중은 대단히 크다.

친구를 잘못 사귄 것이 화근이 되어 크나큰 손실을 보게 되거나 범죄의 소굴에 빠지게 되는 경우를 우리 주위에서도 많이 볼 수 있다.

반대로 좋은 친구를 가진 것이 도움이 되어 곤궁과 역경에서 벗어나거나 또 친구로부터 자극을 받아 학업에 전념하게 되는 경우도 볼 수 있다.

우리 사회와 같이 전통적으로 인간관계 중심의 사회에서는 특히 좋은 친구를 사귄다는 것이 더욱 중요하다.

사업을 하거나 사회적 활동을 함에 따라서 친구의 도움을 필요로 할 때가 너무나 많기 때문이다.

어떤 재벌이 아들을 대학에 보낸 다음 아들에게 간곡히 이르기를

"대학에 가면 공부를 하는 것보다도 친구를 사귀는 것이 더욱 중요하다."

라고 말했다는 것을 이해할 수 있다.

친구를 사귀는 일은 여러 면에서 중요하기 때문에 가정에서 친구를 사귀는 일에 대해서 신경을 써야 할 것은 당연하다.

유태의 가정에서는 자녀들이 친구를 사귀는 일을 신중하게

다루고 그것을 지도하는 것을 부모의 의무로 생각한다.

유태의 부모들이 교우관계를 지도할 때에 지표가 되는 것은 바로 『탈무드』에 있는 표제의 격언이다.

「친구를 사귈 때는 계단을 한단 올라서서 찾아라」라는 말이다.

이 말은 반드시 머리가 좋거나 공부를 잘하는 사람하고만 교우관계를 맺으라는 뜻이 아니다. 어떤 면에 있어서든지 자기의 향상을 기하는 데 도움이 될 수 있는 사람과 사귀라는 뜻이다.

물론 머리가 좋거나 공부를 잘하는 사람도 해당이 되고 운동을 잘하거나 그림을 잘 그리는 사람도 포함된다.

말하자면 무엇이거나 새로운 자극을 받을 수 있고 배울 수 있는 친구와 사귀도록 지도한다.

그래야만 친구 관계를 통해서 향상을 가져올 수 있기 때문이다.

테니스를 처음 배울 때 누구나 경험하는 일이지만 테니스 실력이 어느 정도 있는 사람은 초심자와 대전하기를 무척 기피한다.

초심자와 경기를 하거나 연습을 하면 재미도 없지만 실력이 줄어들기 때문이다. 그래서 테니스를 치는 사람은 누구나 자기보다 실력이 나은 사람을 원하게 된다.

친구를 사귀는 일도 아마 이 경우와 흡사하다고 할 것이다.

유태의 가정에서는 자녀가 친구를 사귈 때에 상대방에 대한 일종의 심사를 한다.

물론 입학시험 때 치르는 면접시험과 같이 공식적인 것은 아니나, 대개의 경우 처음 사귀는 친구를 집에 데려오도록 한다. 생일 파티에 초대하거나 저녁식사에 초대하는 형식을 취한다.

이때에 그 친구는 부모에게 인사를 하게 되고 심사가 자연스럽게 이루어진다.

만일 그 친구와 교분을 맺거나 함께 노는 것이 바람직하지 못하다고 판단되면 그와 같은 부모의 의사를 즉각적으로 자녀에게 전한다.

"그 애는 너에게 어떤 발전을 가져올 만한 친구가 되지 못한다." "너를 높은 곳으로 이끌어줄 만한 다른 친구를 찾도록 해라." 는 등의 말로써 교우관계를 지도한다.

그리고 친구와 교유관계를 맺으면 끝까지 지속하도록 지도한다. 『탈무드』에도 「애매한 친구가 되기보다는 뚜렷한 적이 되라」는 말이 있듯이 일단 사귄 친구와는 보다 깊이 있는 관계를 유지하도록 한다.

이 점은 한국 사람의 경우와 유사하다. 우리의 인간관계에는 어떤 사회학자가 지적했듯이 표피적 관계가 아니라 심층적 관계의 특징이 있다.

친구를 처음 사귈 때는 힘이 들고 시간이 오래 걸리지만 일단 교우관계를 맺으면 깊은 관계를 유지한다는 말이다.

일반적으로 서양 사람의 경우는 표피적 관계가 많다. 처음 일단 가깝게 느껴지면 마음의 문을 열고 마음속 깊숙이 있는 이야기까지 하게 된다.

이 점에서 유태인의 인간관계는 다분히 동양적인 면을 지닌다. 많은 수의 친구를 사귀도록 지도하기보다는 적은 수의 친구이지만 깊은 관계를 유지하도록 한다.

그리고 친구의 선택에 있어서 부모의 판단이나 의견에만 의존하지 않는다는 것도 지적될 만하다.

어린이에게 친구와의 관계를 통해서 사회성을 길러주는 일은 어린이의 건강한 발달에도 필수적으로 요청되는 것이다.

유치원에 갈 무렵이 되면 어느 정도 자기중심성을 탈피하여 사회성을 가지도록 지도해야 되는데, 만일 이와 같은 지도가 부족하면 장차 성장한 다음 인간관계가 나빠질 가능성이 많다.

건전한 사회성은 친구와의 접촉에 의해서 가능해지므로 어려서부터 친구와 어울리는 기회를 주는 것은 대단히 중요한 경험이 된다.

교육지도에 관한 우리나라 가정교육의 결함은 아예 무관심하거나 그와 반대로 지나치게 어린이를 격리시키는 데 있는 것 같다.

이와 같은 극단적인 경우는 모두 잘못된 것이다. 무관심한 방임주의도 잘못이지만 어린이를 친구와의 관계에서 단절시키는 것은 잘못된 것이다.

무관심하게 내버려두면 친구를 잘 못 사귈 위험성은 있으나 그래도 자연적인 상황에서 사회성이 길러질 수 있다.

그러나 어린이를 가두어 기르거나 혹시 좋지 못한 친구의 악영향을 받을세라 친구를 사귀지 못하도록 하는 것은 사회성에 있어서 어린이를 불구자로 만든다.

특히 어린이가 초등학교에서 친구를 사귈 때에 "계단을 한 단 올라서서 찾아라." 고 지도하는 것은 우리에게 좋은 교훈이 된다.

자녀들이 교우관계를 맺는 것을 방관하지 말고 적절한 지도를 해야 한다는 교훈을 주기도 하지만 되도록 자녀의 발전을 가져오는데 도움이 될 수 있는 친구를 찾도록 기회를 만들어 주고 또 선택을 위한 조언을 해주어야 한다는 것을 강력히 시사 받는다.

겉보다 속을 튼튼하게

유태인의 생활은 검소하다. 허영이나 분에 넘치는 사치를 찾아보기 어렵다. 옷차림에 있어서도 겉으로 화려하게 치장하는 것보다 어떤 추위에서도 몸을 따뜻하게 보온할 수 있는 속옷에 더욱 신경을 쓴다.

유태의 격언에 「항아리의 겉보다는 속을 봐라」는 말은 바로 이런 의식구조를 말해준다. 값비싼 코트를 아무리 돈이 많은 부자라도 40세 이하의 여성은 입지 않는다.

돈 많은 사람이 새 옷을 맞출 때에도 천은 고급스럽게 선택하지만 색깔이나 모양에서는 지나치게 유행적이고 화려한 것을 피한다.

그런 옷을 입게 되면 마음이 편하지 않기 때문이다. 어려서부터 검소한 생활교육을 받았기 때문에 옷차림이 남의 눈에 쉽게 띄면 심리적으로 불안해지는 것이다.

오랫동안 교직생활을 한 사람이 젊은 딸의 권고에 못 이겨 어쩌다 빨간 넥타이를 매고는 불안해하는 것과 같은 심리이다.

유태인의 식생활은 더욱 검소하다. 물론 그 여유는 종교적 계율 때문이다.

유태인은 유태교의 계율에 따라 먹지 못하는 것이 많다.

돼지고기를 먹지 못한다. 비늘이 없는 생선도 먹지 못한다.

쇠고기나 양고기도 피를 완전히 제거한 다음 먹을 수 있다.

유월절에는 일주일 동안이나 무교병(누룩을 넣지 않은 빵)만을 먹어야 한다.

이렇게 많은 제약을 받으니 아무리 부자라도 산해진미를 차려놓고 먹을 수가 없다.

오래 전 이야기지만 미국에서 공부하고 있을 때 동급생인 유태인 친구 집에 자주 들른 일이 있었다. 허물없이 지내는 사이인지라 밤중에도 느닷없이 찾아가서 출출하니 먹을 것을 달라고 하는 일도 있었다.

어느 날 밤중에 찾아간 나에게 그 친구의 부인은 오늘은 유월절이기 때문에 무교병밖에 없다는 것이다. 성경에서만 듣던 무교병을 처음으로 시식해 보았다.

아무 맛도 없는 딱딱한 빵이었다. 그것만을 아무 불평 없이 일주일 동안 먹고 지낸다니 놀랄 일이 아닐 수 없다.

이것은 유태인의 식생활의 일면을 보여주는 것이다.

이런 소박한 식생활이 종교적 계율에 의해서 시작된 것이기는 하나 오랫동안의 전통에 의하여 몸에 젖어 있는 것 같다. 그러기에 불평이란 있을 수 없고 그 딱딱한 밀가루 반죽만을 먹으면서도 신에 대한 감사를 표한다.

우리나라에서도 식생활의 제한을 받는 종교집단이 있다. 고춧가루를 먹을 수 없으니 김치를 백김치로 담글 수밖에 없고 커피도 못 마시고 일체의 음주도 허용되지 않는다.

흔히 많은 사람들은 이것을 보고 무슨 재미로 세상을 사느냐고 의문을 제기한다.

그러나 대개의 경우 그들의 식생활에 대한 불평이 없고 오히려 만족하다는 의사를 표시한다.

이 사실로 미루어 우리가 한 번 생각해보아야 할 것은 어려서 가정에서 형성된 습관은 놀라운 힘을 발휘한다는 점이다.

유태인이 그토록 제약받는 소박한 식생활에 대해서 아무런 불편을 느끼지 않는 것은 가정교육을 통해서 형성된 습관이 있기 때문이다.

그러니 유태 어린이가 반찬 투정을 하는 것은 보기 드물다.

이야기가 좀 엉뚱한 방향으로 흘렀지만 유태인은 겉을 치장하게 되면 속을 충실하게 할 수 없다는 종교적, 문화적 전통 속에서 살고 있다. 그러기에 되도록 옷차림이나 식생활을 검소하게 하도록 교육받으며 또 그렇게 다음 세대를 교육한다. 그 대신 '속을 튼튼하게' 하는 것이 그들의 모토이다.

속을 튼튼하게 하는 것, 그것은 바로 내실을 기하는 것이다. 겉으로 화려한 옷을 입었지만 삶을 지혜롭게 살아가는 머리가 없고 불쌍한 사람을 동정하는 마음이 비어 있는 사람은 속이 튼튼하지 못한 사람이다. 보다 구체적으로 유태인에게 속이 비어 있다는 것은 크게 세 가지 뜻을 포함하는 것으로 보인다.

첫째, 민족의 정신이 결핍될 때 그 사람은 속이 비어 있는 사람이다. 그의 재산이 태산처럼 많고 많은 지식을 가지고 있다 하더라도 유태민족의 긍지를 이어받지 못했으면 그 사람은 속이 튼튼한 사람이 되지 못한다.

둘째는 종교적 신앙이다. 신앙은 민족의 생명이고 한 사람의 비어 있는 마음을 채워주는 양식이다.

셋째로 속이 튼튼한 사람은 지혜가 있는 사람이다. 여기에서 말하는 지혜란 단순히 지식만을 가지고 있는 사람을 의미하지는 않는다.

남과 다른 능력, 남이 생각하지 못하는 착상, 삶을 현명하게 설계하는 지혜를 말한다.

민족의 정신, 종교적 신앙, 그리고 삶의 지혜가 있는 사람은 내실이 있는 사람이며, 그런 사람이 비록 겉으로 초라해 보일지라도 그는 존경받아야 할 인물로 생각한다.

이와 같은 유태인의 교육이념은 가정교육의 구석구석에 반영되어 있다. 일주일에 한 번, 정기적으로 가지는 아버지의 훈화시간에 검소한 생활과 내실 있는 생활에 관한 소재는 빼놓을 수 없는 것으로 되어 있다.

유태인 어린이에게 소개되는 위인을 생각해 보자. 그 대부분은 신앙심이 두텁고 지혜가 풍부하며, 유태인으로서의 긍지와 민족적 정신을 유지해온 사람들이다.

　미국 뉴욕의 유태계 부호의 한 사람인 필립 굿다드는 「은은 무거워야 한다. 그러나 무겁게 보여서는 안 된다」라는 말을 그의 처세훈으로 삼고 있다.

　금이나 은은 무거운 것이 좋지만 그것이 남에게 무겁게 보이면 쓸데없는 재난을 불러들일 가능성이 있다는 뜻에서 무겁게 보이지 않도록 하는 것이 좋다는 생각이다.

　집안에 좋은 그림을 걸어 놓더라도 남의 눈에 잘 띄지 않는 곳에 걸어 놓아야 한다고 생각한다.

　옷도 천은 고급스럽지만 스타일은 유별나게 하지 말아야 한다.

　이것은 남에게 '무겁게 보이지 않도록 하는 방법'이다. 요컨대 지나친 외형적 장식이나 자기 과시에 의해서 다른 사람의 불필요한 반감이나 질투를 사지 않도록 해야 한다는 배려가 되어 있다.

　'내실을 기해야 한다.'는 생각은 아마도 유태민족의 박해의 역사를 통해서 뼈져리게 체험된 것이리라.

　이스라엘 민족이 예루살렘에서 추방당하여 이른바 디아스포라의 생활을 시작한 이래 이들에 대한 이민족의 박해는 이루 형용하기 어려운 것이었다.

　특히 중세에 이르러 그리스도 교도의 박해는 그 극에 달했다고 볼 수 있다. 이런 상황에서 그들이 할 수 있는 일이란 내실을 기하는 것이었으리라.

돈이 있어도 없는 것처럼 보여야 만이 안전을 도모할 수 있는 상황, 아는 것이 많더라도 모르는 척 하는 것이 자기를 보호할 수 있는 상황이다. 공연히 있는 것처럼 보이거나 아는 척 하면 약탈과 박해의 대상이 된다.

여기에서 겉보다는 속을 튼튼하게 하는 삶의 지혜가 생겼으며 그것은 가정교육에 의해서 다음 세대로 그리고 또 다음 세대로 전해진다.

겉보다 속을 튼튼하게 하는 교육, 여기에서 우리의 가정교육은 본받아야 할 것이 많다. 아무리 옷을 잘 입히고 잘 먹인다 해도 그 마음이 비어 있으면 올바른 가정교육을 했다고 할 수는 없다. 지나치게 외형적인 면에 치중하는 우리의 가정교육은 한 번 반성해볼 일이다.

쓰는 것보다 저축하는 즐거움

자녀교육에 관한 강연을 하거나 교육상담을 하는 기회가 있으면 자녀들의 용돈 문제가 질문으로 등장한다.

"어린이에게 용돈을 주는 것이 좋으냐?"

"일을 시키고 그 보수로써 용돈을 주는 것이 어떠냐?"

"초등학교 학생에게 용돈을 어느 정도 주어야 적당한가?"

"돈을 주는 대신 먹을 것을 사다 주는 것이 더 좋은 방법 아닌가?"

대개 이런 질문을 받게 된다.

이 질문들에 대한 직접적인 해답을 구하기 이전에 유태인의 가정교육에서 배워할 기본적인 태도가 있는 것 같다.

유태의 가정에서는 아직 학교에 가기 이전에 자녀에게 용돈을 준다.

그러나 용돈을 쓰기위한 것이 아니라 저축을 하기 위한 용돈이다. 용돈을 주어 그것을 바르게 쓰는 일을 배우기 이전에 저축하는 일부터 배우게 한다.

이것은 저축의 중요성을 어린이에게 가르치기 위해서만이 아니라 돈의 가치를 이해시키고 저축의 즐거움을 체험시키기 위해서이다.

유태인에게 있어서 저축은 생존을 위한 수단이다.

나라 없는 이국에서 오직 그들을 보호해줄 수 있는 것은 재산뿐이다. 언제 어떤 일을 당할지 모르는 상황에서 자기가 저축한 돈만이 생명을 보호해줄 수 있는 것이다. 오랜 세월에 걸친 이와 같은 민족의 경험은 유태인의 저축에 대한 긍정적인 태도를 형성시켰으며, 그 태도는 교육을 통해서 다음 세대로 전해지고 있다.

유태인에 대한 가장 일반적인 편견인 '수전노'의 통념도 알고 보면 그들의 억척같이 저축하는 습관과 태도 때문인 것으로 해석할 수 있다. 돈을 쓰지 않고 악착같이 저금만 하니 구두쇠라는 말을 듣게 된 것도 어느 면에선 이해할 만하다.

유태인은 돈을 좋아한다. 좋아한다기보다도 천시하지 않는다고 표현해야 좀 더 바른 표현일 것이다.

동양에서도 그러하지만 일반적으로 기독교 문화에서는 금전을 천시한다.

돈이란 더러운 것이라고 생각한다. 어떤 집회에 가서 강연을 하면 주최자는 의례 거마비라는 것을 준비해 가지고 강사의 주머니에 억지로 넣어준다. 물론 흰 봉투에 돈을 넣고 겉봉투에 '촌지'니 '박사'니 하는 글자가 적혀 있다.

그 봉투를 그냥 건네줄 수도 있는 것이련만 그것을 주머니에 넣어주는 것은 어찌 고매한 인격자가 그 더러운 돈을 받을 수 있겠는가 라는 배려 때문이다. 따지고 보면 금전을 천시하는 이른바 청빈사상에 근거한 것이다.

이에 비하여 유태인은 금전을 천시하지는 않는다. 돈은 귀중한 것이라고 생각한다.

그렇다고 돈으로 모든 것을 해결할 수 있다고 생각하지도 않는다.

그들은 가정에서부터, 돈은 유용한 것이지만 돈이 인간을 지배할 수는 없다고 가르친다. 인간이 돈을 지배할 뿐이다.

유태의 격언 중에는 이런 것이 있다. 「부자에게는 자녀가 없다. 오직 상속인이 있을 뿐이다」 돈이 많은 부자의 자녀들은 진심으로 부모를 공경하는 것이 아니라 장차 있을 재산의 상속을 기대하는 생각에서 부모를 공경하는 척하기 쉽다는 말이다.

돈이 인간을 지배해서는 안 된다는 것을 경고하기 위한 것이다.

어느 날 두 사람의 남자가 랍비에게 상담하러 찾아왔다.

한 사람은 그 마을에서 돈이 가장 많은 부자이고 다른 한 사람은 대단히 가난한 사람이다.

돈이 많은 부자가 가난한 사람보다 몇 분 먼저 왔기 때문에 차례가 되어 먼저 방에 안내되었다. 상담시간은 대단히 오래 걸려서 한 시간 이상이나 지체한 다음 가난한 사람이 차례가 되어 방에 안내되었다.

그런데 그 상담시간은 불과 5분 만에 끝나고 말았다. 가난한 사람은 내심 분개하였다. 아무리 돈이 없는 사람이라고 이렇게 차별대우를 할 수 있는가?

돈이 많은 부자에게는 성의를 다해서 한 시간 동안이나 상담에 응해주고 나는 가난뱅이라고 적당히 하는 것이 아닌가. 이 눈치를 챈 랍비는 이렇게 말하는 것이었다.

"돈이 많은 사람은 그만큼 마음이 가난하니 그 가난한 마음을 채워주기 위해서는 시간이 더 걸리게 마련일세." 돈을 천시하거나 경원시하여도 안 되지만 돈만을 추구할 때에 인간은 그 마음이 빈약해질 가능성이 많다는 것을 교훈하기 위한 이야기이다.

그들의 금전관을 잘 나타내준다. 이렇게 돈이 가져올 수 있는 유혹이나 병폐를 경고하면서도 기본적으로 금전은 유용하고 기회를 제공해준다는 생각에는 변함이 없다.

어떻게 보면 돈이 유용성에 대한 기본적으로 생각이 있기 때문에 유태의 격언 중에는 금전이 수반되는 부도덕성을 경고하기 위한 격언이 많을지도 모른다.

금전은 사람에게 기회를 제공해준다는 것을 어린이에게 이해시키기란 그리 손쉬운 일이 아니다. 유태의 어머니들은 금전이 사람에게 기회를 제공해준다는 것을 이해시키기 위하여 곧잘 이런 이야기를 해준다.

18세기 이전까지만 해도 유태인에게는 성이 없었다.
다만 이름만이 있을 뿐이었다.

아브라함, 야곱, 다윗 등 성경에 나오는 이름은 성이 아니다. 그러던 것이 18세기 이후 오스트리아의 요셉 2세와 프랑스의 나폴레옹 1세가 협의하여 유태인의 등록부를 만들기 위해 유태인에게 성을 가지도록 강요하였다.

이것은 유태인의 재산을 수탈하기 위한 정책이었다. 그러기에 성을 자기 마음대로 지을 수가 없었다. 이웃나라 일본에서도 그런 일이 있었다. 일본의 경우 개화기 이후에 그때까지 성을 가지지 못한 사람에게 마음대로 성을 지어 가지도록 했다고 전해진다.

그래서 글줄이나 아는 마을 어른에게 성을 지어달라고 부탁하면 산 밑에 살고 있으니 야마시다, 밭 가운데 집이 있으니 다나까, 등의 이름이 나왔다고 한다.

유태인의 경우는 그러지 못하였다.

정부에서 파는 이름을 돈을 주고 사야만 했다. 돈이 많은 사람은 많은 돈을 주고 좋은 이름, 이를테면 로젠탈(장미), 아이젠버그(무쇠), 골드불룸(황금과 꽃) 과 같은 이름을 살 수 있었지만 돈이 없는 사람은 월후손(늑대), 후렛사(지방)와 같은 아름답지 못한 이름밖에 살 수 없었다.

이것은 돈이 없어서 좋은 음식을 먹지 못하거니와 좋은 옷을 입지 못하는 것과는 사정이 다르다. 음식이나 옷은 후에 돈을 번 다음 얼마든지 좋은 음식을 먹고 좋은 옷을 입을 수 있지만 이름은 한 번 결정되면 대대손손에게 물려지는 것이다.

결국 이런 이야기를 해주면서 돈에 대해서 탐욕하면 그것은 죄악을 낳지만 근본적으로 돈을 멀리하거나 천시해서는 안 된다는 것을 가르친다.

이야기를 되돌려서 저축의 문제를 생각해보자.

어린이에게 용돈을 주어서 그것을 쓰는 것보다는 저금하는 습관을 갖도록 한다. 어려서 저축하는 습관을 길러주면 그것은 일생동안 지속된다.

우리 속담에 「세 살적 버릇이 여든까지 간다」는 말이 있는데, 이것은 결코 허무맹랑한 것이 아니다.

그런데 돈을 저축하는 습관을 먼저 기르는 것은 사실 그 이상의 교육적 의미를 지니는 것이다.

자기가 저축한 돈을 쓸 때에 낭비가 있을 수 없다. 자수성가한 재벌이 돈을 낭비하는 경우를 찾기 어려운 것은 결국 자기가 애써 모은 돈을 함부로 쓸 수 없기 때문이다.

대개의 경우 낭비는 돈을 모으는 고통과 동시에 따라오는 즐거움을 모르는 다음 세대에서 있게 마련이다.

부자의 3세는 돈을 모으는 즐거움보다 돈을 쓰는 즐거움밖에 모르기 때문이다. 바로 이 점을 유태의 가정교육에서는 고려하고 있다.

어린이에게 돈을 저축하게 한 다음 그 돈을 가지고 선물을 사거나 먹을 것을 사먹게 한다. 이렇게 했을 때 돈을 함부로 쓰는 태도가 있을 수 없다.

동시에 저축의 즐거움을 경험시킨다. 확실히 일석이조이다. 저축과 소비의 건전한 습관을 동시에 형성시키는 것이다. 이렇게 보면 어린이에게 용돈을 주는 것이 무방하다는 결론을 얻게 된다.

그러나 여기에는 단서가 붙어 있다. 어린이에게 용돈을 주면 그것을 저금하도록 하라는 것이다. 우리가 본받아야 할 삶의 현명한 지혜임에 틀림없다.

매사에 균형을 잡아라

유태인의 성전 『탈무드』에는 이런 말이 있다.

「너무 오래 앉아 있으면 치에 나쁘다. 너무 오래 서 있으면 심장에 나쁘다. 그리고 너무 오래 걸으면 눈에 나쁘다. 그러므로 이 세 가지를 적당히 조화시켜야 한다」

이 중에서 너무 오래 걸으면 눈에 나쁘다고 한 것은 본래 이스라엘이 사막의 나라이기 때문에 너무 오래 집 밖에 나가 걸어 다니면 모래가 눈에 들어가게 된다. 필시 그런 뜻에서 세 번째 오래 걸으면 눈에 나쁘다는 말이 나왔으리라고 짐작된다.

하여튼 이 말에서 의도하는 중요한 교훈은 매사에 밸런스를 취하라는 것이다. 아마도 유태인의 처세술 중에서 가장 에센스가 되는 것은 이 균형을 유지하는 생활태도인 것 같다.

금전의 가치를 인정하되 또 그것만을 추구하지는 않는다.

역시 밸런스를 취하는 생활태도이다. 유태인은 종교적으로 장차 평화의 날이 오리라는 소망속에서 산다. 그러나 소망을 위하여 오늘을 헛되이 하지 않는다.

『탈무드』에는 미래에 대한 소망을 강조하는 교훈도 많지만 오늘을 충실하게 살아갈 것을 강조하는 교훈도 많다.

예를 들면 「매일, 오늘이 당신의 최후의 날이라고 생각하라」 그리고 「또 매일, 오늘이 최초의 날이라고 생각하라」는 교훈은 현실을 충실히 살 것을 강조하는 『탈무드』의 지혜이다.

여기에서도 미래와 현재와의 조화를 찾아볼 수 있다. 모든 판단을 감정에 의해서만 하지 말고 그렇다고 이성에만 의존하지 말라는 것이 그들의 생활신조이다. 이 신조를 어린이에게 기회가 있을 때마다 교훈한다.

매사에 균형을 잡는 생활신조는 우리의 전통적인 가치관의 하나인 중용의 덕성과 일맥상통한다.

중용이란 우리가 다 알고 있는 바와 같이 동양철학의 기본이라고 할 수 있는 사서의 하나인 '중용'에서 말하는 도덕론이다.

즉 극단에 치우치지 말고 과불급이 없는 평범한 곳에 진실이 있다고 강조하는 도덕론이다. 이것은 서양사상에도 있는 것으로써 이성에 의하여 감정을 통제하고 지견에 의하여 양극을 취하지 않는 아리스토텔레스의 덕론에서 그것을 찾아볼 수 있다.

균형을 강조하는 것과 사상 사이에는 상당한 정도 유사성이 있기는 하나 둘 사이에는 차이점도 있는 것으로 보인다.

중용은 기본적으로 불편부당한 입장을 말한다.

어느 쪽에도 치우치지 않고 어느 쪽이든 극단적인 입장을 취하는 것은 화를 자초하는 것이라고 생각한다.

그러므로 중용의 사상은 보다 소극적인 견해이다. 아마도 동양적인 소극성이 개재되어 있다고 할 수 있을 것이다.

그러나 균형을 유지한다는 것은 한편 중용의 입장과 같이 어느 쪽에 치우치지 않고 적극적으로 둘을 조화 시킨다는 개념이 포함되어 있다.

균형이란 조화와 절충이 있어야만 가능해진다. 이 점에서 균형은 보다 적극적인 개념이다. 이야기가 너무 빗나갔지만 한편 균형을 유지한다는 개념은 유태의 가정교육에서 의도하는 교육이념의 중심이 되는 지표의 하나가 된다.

교육에서의 균형이란 바로 전인교육의 개념과 상통한다. 어느 한 쪽의 발달만을 가져오는 교육은 결코 바람직하지 못하다. 사람에게 요구되는 모든 요소가 균형 있게 발달하는 교육, 그것이 전인교육이며 유태의 가정에서 매사에 균형을 유지하도록 하는 교육과 상통한다.

교육학자의 이론에 의하면 인간은 세 가지 측면에서 균형을 발달을 할 때 비로소 온전한 인간으로 성숙하게 된다.

그 세 가지 측면이란, 지적인 면과 정의적인 면과 기능적인 면을 말한다.

쉽게 말해서 머리와 가슴과 손이 균형 있게 발달하는 것을 의미한다. 앞서 인용한 『탈무드』의 격언에서 「앉아 있는 것과 서 있는 것과 걸어 다니는 것의 균형을 유지해야 한다」는 것과 같은 논리이다.

적어도 균형을 유지한다는 점에서 동일한 논리라고 할 수 있다. 어느 한 면만 비대해지면 상대적으로 다른 면이 위축되고 결과적으로는 전인 아닌 불구자가 된다.

유태의 가정에서는 어린이가 전인으로 균형 있게 발달하도록 지능을 키우는 교육만이 아니라 종교적 신앙교육에 의해서 덕성을 함양하고 생활의 지혜를 가르침으로써 이 세상을 현명하게 살아갈 수 있는 기능을 육성하는데 주력한다.

여기에서 우리의 교육을 한 번 반성해볼 감정적 충동을 느낀다.

우리의 교육은 전통적으로 지성과 덕성을 강조하는 교육이다. 특히 이조시대의 교육은 다른 어떤 면보다 덕성을 중시하는 교육이었다. 대부분의 교제는 인간으로써의 도리나 몸가짐, 예절을 소재로 하는 것이었으며 덕육에 관한 한 그 면에서 이조시대의 교육은 성공적이었다고 할 수 있을 것이다.

그러나 손을 움직이는 기능을 육성하는 데에는 실패하였다.

최근까지만 해도 덕육의 전통은 상당할 정도로 우리교육에 남아 있었다. 특히 그와 같은 덕성의 교육은 학교 교육보다도 가정교육에 의해서 수행되는 것으로 생각했으며 한편 가정은 그와 같은 교육의 책임을 당연한 의무로 받아들였다.

그러나 근자에 와서 우리의 교육은 극단적인 지육중심의 교육으로 전락한 느낌이 없지 않다.

학교는 팽창해가는 지식을 하나라도 더 주입시키려고 급급하고 있으며 가정은 모든 것을 학교에만 떠맡기고 있는 실정이라고 해도 과언은 아니다. 이런 상황에서 진정한 덕육이 가능할 리 없고 결과적으로 이런 교육을 받고 자라나는 어린이는 머리는 비대해 있을지 모르나 그 가슴이 윤택할 리 없고 그 손발이 제대로 움직일 리 만무하다.

결국 가정교육의 회복이 시급하다는 결론밖에 나오지 않는다. 물론 학교도 진정한 인간교육을 위하여 힘써야 할 것이다. 주지주의에서 탈피해서 성숙된 인간을 만드는 교육에 주력해야 한다. 그러나 학교교육 보다 앞서 있어야할 것은 가정교육이다.

어린이가 균형 있는 발달을 하도록 돕기 위하여 가정은 그것이 지니는 강력한 교육력을 행사하여 자라나는 어린이의 감정을 순화시켜주고 원만한 성격을 형성시키며 좋은 습관과 올바른 태도를 길러주고 참된 정신을 심어주는 덕육에 힘써야겠다.

이와 같은 교육적 기능은 누구에게도 맡길 수 없는 부모의 일차적인 책임이다.

제9장

-민족의 정신을 심는 교육-

민족정신의 계승

유태인의 교육은 한 마디로 말하여 민족정신을 심는 교육이다. 민족이 유구한 역사와 문화적 전통, 그 속에 흐르는 민족의 얼을 계승하는 수단으로써 교육이 존재한다.

1967년 이스라엘과 아랍 국가 간에 전쟁이 일어났을 때의 일이다.

미국 주요도시의 공항에는 이스라엘 행 비행기를 타려는 유태의 젊은이들이 차례를 기다리는 장사진을 볼 수 있었다.

그들은 비록 미국에서 태어난 미국시민이지만 조국 이스라엘의 불행을 가만히 앉아 보고 있을 수만은 없다는 정열의 젊은 이들이었다.

다른 어떤 조건보다도 유태민족의 단합된 힘의 과시가 있었기에 전쟁을 승리로 이끌 수 있었으리라.

이 보도가 외신을 통해 전해지자 전 세계의 많은 사람들은 유태민족의 민족적 단합에 대하여 놀라기도 하였지만 한편으로는 부러워하기도 하였다.

어디에서 이 힘이 나오는가? 무엇이 있기에 그토록 강력한 민족의 정열이 솟아오르는가? 그 해답은 너무나 명백하다. 그것은 바로 교육의 힘이다.

그것은 유태인의 혈관에 흐르고 있는 피가 아니라 그들의 머릿속에 새겨진 민족정신의 힘이다. 유태민족이 나라 없는 설움 속에서 세계 도처에 흩어져 살며 모진 박해를 받아왔으나 그들의 민족교육을 계승해왔기 때문에 이토록 무서운 힘이 샘솟아 나온 것이다.

또 이런 이야기가 있다. 중동의 토후국 예멘에 살고 있던 유태인의 이야기다.

그들은 팔레스타인에서 추방된 후 그곳에 정착한 유태인들이었다. 성서에 기록된 대로 '언젠가는 바람의 날개를 타고 약속된 가나안 땅에 돌아갈 날이 있을 것'을 굳게 믿으며 살아왔다. 그러는 사이 2천년이라는 세월이 흘렀다.

외부의 문명세계와 완전히 단절된 벽지에서 오직 그들은 자기들의 신앙만을 위하며 여호와가 약속한 날을 고대하며 살아왔다.

그러던 어느 날, 팔레스타인 땅에 그들의 조국이 건설된다는 풍문이 떠돌았다. 이스라엘의 건국 소식이었다. 이 소식을 듣는 순간, 그들은 여호와는 결코 자기들을 저버리지 않고 약속을 지켜주었다고 감사했다.

4만 8천 명 중 특별한 사정이 있는 천여 명을 제외하고는 모두 걷기 시작하였다. 어디로? 물론 조국 이스라엘을 향한 행군이었다.

집과 나귀와 재산을 모두 버리고 어른이나 어린이나 부녀자나 할 것 없이 험준한 산을 넘고 사막을 지나 행군을 계속했다. 우선 행군의 목표를 아덴으로 잡았다.

뒤늦게야 이 사실을 안 이스라엘 정부는 부랴부랴 대형 수송기를 전세 내어 이들을 아덴으로부터 이스라엘로 공수하였다.

민족이동 사상 최대 규모의 공수작전이었다.

그런데 이상한 것은, 그때 그들이 생전 처음 보는 비행기를 보고도 하나도 놀라지 않는다는 점이다. 비행장에서 내린 그들은 태연하게 이렇게 말하는 것이었다.

"성서에 기록된 대로 날개를 타고 약속된 땅에 돌아왔다."
라고.

퍽 오래전 영화이지만 「엑소도스」라는 영화를 본 독자는 기억하고 있을 것이다.

고국에 돌아오는 유태인들이 비행장에 내리자마자 땅에 엎드려 그리운 고국 땅에 입 맞추는 장면은 눈물겹도록 인상적이다.

김구 선생이 해방된 조국에 돌아와서 비행장에 내리자마자 한 잔 물을 퍼서 마셨다는 에피소드와 공통된 면을 볼 수가 있다.

여기에서 볼 수 있는 민족의 일체감, 민족적 긍지, 하루 이틀이 아닌 2천년을 한결 같이 소망 속에서 기다려온 종교적 신앙, 그것은 단순히 유태민족의 억눌림을 당해온 소수민족의 설움에서 분출되는 일시적인 감상의 작용이 아니다.

그것은 유태의 민족적 긍지를 고취하고 어떤 역경 속에나 그들의 신앙을 저버릴 수 없는 확고한 신념을 어린 가슴속에 깊숙이 심어준 교육의 결과이다.

유태의 부모가 어린이가 독립된 인격으로 성장하기 이전에 뚜렷한 유태인으로 성장해 주기를 기대하며, 훌륭한 대학에 진학하거나 탁월한 재능을 발휘하기 이전에 여호와를 공경하고 당신의 계명에 따라 신앙인이 되어주기를 기대하며 장차 유능한 기능과 재력으로 공헌하는 사회인이 되기 이전에 민족의 유구한 전통을 계승받는 유태문화의 계승자가 되어주기를 기대한다.

이 기대와 민족의 긍지, 그것은 초기 가정교육에 반영된다. 민족의 정신을 심어주는 교육이다.

이제 그 교육의 실체를 살펴보자.

유태인은 유태인이다

어느 나라 가정에서나 어린이에게 들려주는 이야기 중에는 동물이 많이 등장한다.

유태인의 가정에서는 어린이에게 들려주는 이야기 중에도 동물에 비유한 것이 많다. 그중에 이런 이야기가 있다.

어느 날 영리하기로 이름난 여우 한 마리가 바닷가에 갔다.

여우는 동물 중에서 머리가 좋다는 인정을 받고 있다. 그 여우는 바다 속의 물고기들에게 이렇게 속삭였다.

"물고기 여러분! 바다 속은 위험하니까 뭍에 올라와서 우리와 함께 삽시다. 어부들이 그물을 쳐서 여러분을 잡으려고 한답니다. 또 큰 물고기들이 여러분을 잡아먹을지도 모르지요. 그러나 육지에 올라오면 그런 걱정을 할 필요가 없어요."

물고기 대표들은 모여서 회의를 했다. 갑론을박, 좀처럼 회의는 끝나지 않았다.

여우는 머리가 영리하니까 그 말에 일리가 있다는 주장에서부터 바다 속에 사는 것이 위험하기는 하지만 그래도 지금까지 살아오지 않았느냐는 반론이 대립된다. 물고기들은 오랜 숙의를 거듭한 끝에 여우의 제안을 거절하기로 결정하였다.

물고기 대표는 물위로 얼굴을 내밀고 이렇게 말하는 것이었다.

"여우님, 우리를 생각해 주는 것은 고맙지만 우리는 물속에 사는 것이 마음 편합니다."

저녁 식탁에서 자녀들에게 이야기를 들려준 아버지는 계속해서 이런 질문을 한다.

"물고기가 물에 나오면 어떻게 되지?"

어린이들은 금방 알아듣는다. 물고기가 육지에 올라오면 말라죽게 된다고 대답한다.

"바로 그거야!"

아버지의 교육은 계속된다.

"유태인은 유태인으로 살아야지 아무리 어떤 유혹이 있더라도 유태인임을 저버릴 수는 없는 것이다."

어린이의 마음속에 분명하지는 않지만 무엇인가가 가슴을 울려주는 감동과 각성이 있게 된다.

무서운 교훈이다. 이렇게 해서 유태인은 유태인으로서의 신분과 정신을 떠날 수 없다는 것을 어린 마음에 심어준다. 유태의 역사 중에는 유태인이 그들의 종교를 버리고 유태인임을 부인하게 되면 박해를 면할 수 있는 기회가 몇 번이고 있었다.

중세기 구라파에서도 유태인이 기독교로 개종하면 그 수치스러운 노란 모자를 벗을 수 있었다.

그 수를 알 수는 없지만 소수의 유태인이 기독교로 개종하여 편안한 생활을 추구하였다. 그러나 대부분의 유태인은 그와 같은 부름을 여우가 물고기를 부르는 간사스런 유혹으로 생각하였다.

그리고 유태인으로서의 삶을 계속하였다. 물고기가 육지에 올라가면 바다 속의 위험으로부터 도피할 수 있을지는 모르나 마침내는 여우의 간계에 빠져 잡아먹힌다고 생각하였는지 모른다.

우리나라 속담에 「송충이는 솔잎을 먹고 살아야......」하는 것이 있다.

어느 면에서 유태인의 『물고기 교훈』과 유사한 점이 있다.

그러나 둘 사이에는 근본적인 차이가 있다. 하나는 민족의 정체감을 강조하는 것임에 반하여 다른 하나는 계층적 신분과 가문을 강조하는 것이다.

너는 상놈으로 태어났으니, 또한 천한 종의 몸이니 그 신분을 벗어나는 생각을 해서는 안 된다. 라는 것이 이조시대의 규범이었다.

이 가치관은 아직도 우리 사회에 뿌리 깊게 남아 있다. 조상대대로 가난한 삶을 탈출하여 새로운 웅비를 위해 집을 나서려는 아들의 손을 잡고 그 자애로운 어머니는 "송충이는 솔잎을 먹고 살아야 해" 라고 말하는 모습을 요즈음의 TV 연속극에서 볼 수 있다.

이렇게 우리의 가정교육에서는 가문이나 신분의 정체감을 강조했을 뿐 민족의 정체감이나 한국인으로서의 주체의식을 심어주지는 못하고 있는 것 같다. 비근한 예로 재미동포나 제일동포의 경우를 생각할 수 있다.

요즈음 해외이민의 수도 급증하여 보도에 의하면 미국 로스엔젤리스에 만도 근 10만 명의 동포가 살고 있다고 한다.

이웃나라 일본에도 60만 명의 동포가 있다. 이들 해외동포가 어느 정도 한국인 의식을 몸에 담고 있는 것일까? 아니 해외동포의 3세에게 어느 정도 한국인의식을 심어주고 있을까? 이 의문에 대한 확실한 해답을 줄 만한 근거가 없다.

해외동포에 대한 광범한 의식구조 조사를 단 한 번도 한 일이 없기 때문이다. 다만 단편적인 자료나 좁은 범위이지만 해외동포와의 접촉에서 받은 인상에 의존하여 판단할 수밖에 없다.

1967년 여름의 일이다.

재일동포에 대한 민족교육의 필요를 절감한 정부는 재일동포 대학생들과 고등학생 6백 명을 여름방학 동안 집중적으로 모국방문 교육을 실시한 바 있다.

이름 하여 '재일동포 학생 하계학교' 라고 하였다.

여름방학 동안 이 학교에 관계를 맺고 있었던지라 순전히 개인적인 관심에서 그들의 민족의식, 즉 한국인으로서의 자아의식을 조사해본 일이 있다.

그 결과 예상했던 것보다는 더욱 낮은 수준에 머무르고 있었다.

아주 간단하게 말해서 "나는 한국인이며 유구한 역사와 문화적 전통을 지닌 민족의 일원임을 자랑스럽게 생각한다." 는 민족의식이 완전한 상태를 100이라 하면, 그들의 반응을 종합한 결과는 40정도였다.

같은 연령의 국내학생에게서 얻은 수치가 7정도라는 것을 감안한다면 그들이 민족의식이 얼마나 박약하다는 것을 알 수 있다.

이럴 수가 있는가? 그들은 한국 사람이 아니란 말인가? 이런 질문을 품는 사람도 많이 있을 것이다. 당연한 의문이요, 지당한 분개이다.

그러나 일본에서 재일동포가 한국 사람임을 떳떳하게 내세우는 사람이 그리 많지 않다는 것을 생각하면 충분히 납득할 수 있는 일이다.

가정에서나 밖에서나 한국말을 쓰는 일이 없고 하기야 모르니 쓸 수도 없지만 민족의 역사를 배운 일도 없고, 한민족의 문화적 긍지가 무엇이라는 것을 알지 못하는 재일동포 3세에게 민족의식이나 한국인으로서의 자아의식을 기대하는 것 자체가 어리석은 일일는지 모른다.

민족의식에 관한 한 유태인과 우리 사이에는 너무나 거리가 있는 것 같다. 그것은 비단 재일동포의 경우에서만이 아닌 것 같다. 나라 없는 설움, 민족과 우리 고유의 문화가 깡그리 말살당할 뻔했던 치욕의 역사가 불과 반세기 만에 잊어버리고 민족의 긍지와 한국인의 의식을 우리들 후세에게 심어주는 일을 너무 소홀히 하고 있는 것은 아닐까?

이 점 우리는 유태인에게서 배워야 할 것 같다.

기회 있을 때마다 유태민족, 선민, 시온주의, 유태 4천년의 역사와 지혜를 강조하는 유태의 가정교육에서 민족의 얼을 심어주기 위한 교육의 산 표본을 발견하게 된다.

박해를 잊지 말라 그러나 용서하라

유태의 역사는 '박해의 역사'라 해도 과언은 아니다. 몇 번 되풀이 되었지만 유태인은 그들의 역사를 통하여 모진 이민족의 박해를 받아왔다.

유태인에게 가해진 잔인한 박해는 비단 히틀러에 의해서 처음 시작된 것이 아니다.

유태민족의 지도자 모세의 출생도 실은 유태인에 대한 애굽왕의 박해로부터 시작된다.

애굽으로 이주한 야곱의 후손이 날로 번성해지자 이에 위협을 느낀 애굽왕 바로는 히브리 여인들의 조산을 돌보는 산파에게 엄명하기를 "히브리 여자가 아이를 낳았을 때 그 아이가 사내아이면 죽여 버리고, 계집아이면 그대로 목숨을 살려 주어라."라는 끔찍한 명령을 내린다.

그대로 잘 시행되지 않는 것을 알게 된 왕은 다시 명령하여 출산하는 사내아이는 모조리 나일 강에 버리도록 지시한다.

구약성서 『출애굽기』에 기록된 바에 의하면 모세가 태어난 후 갈대상자에 넣어 나일강가 갈대숲에 버려진 것을 애굽의 공주가 발견하여 모세를 양육하게 된다.

이것은 모세의 출생을 기록한 것이지만 여기에서도 유태민족이 타민족에게 얼마나 학대를 받아왔었는가 하는 역사의 일예를 볼 수 있다.

또한 기원전 5세기의 박해에 대해서 구약성서에서는 다음과 같이 기록하고 있다.

페르샤 왕 아하수에로는 간신 하만의 진언에 따라 12월, 곧 아달월 13일 하루 동안에 모든 유태인을 "노소나 어린아이나 부녀를 막론하고 죽이고 진멸하고 또 그 재산을 탈취하라." (에스더 3장 13절)는 명령을 내린다.

다행히 왕후가 된 유태인 에스더의 노력에 의하여 그 명령은 시행되지 않았지만 유태인이 받아온 박해의 역사는 기원전에서부터 시작된 것을 알 수 있다.

1215년 로마 교황은 제 4회 마테란 교회회의에서 전 구라파의 유태인은 노란 모자를 쓰고 가슴에는 밧지를 달도록 명령했는데, 그것은 물론 유태인을 차별하기 위한 것이었다.

1239년 로마교황 그레고리우스 9세는 유태인의 정신적 자산이라고 할 수 있는 『탈무드』를 전부 소각하도록 명령한다.

나치 독일이 유태인에게 흉장을 달도록 강요하고 『탈무드』를 불태워져 버린 것은 그들이 처음으로 시작한 것이 아니다.

히틀러에 의한 유태인의 박해와 학살은 구라파의 반시온주의 전통을 계승한 것이나 다름이 없다.

나치 강제수용소에서 비극의 일생을 마친 유태인 소녀 안네 후랑크는 당시의 유태인의 생활상을 나타내는 일기를 남겼다.

「유태인은 노란색의 별을 가슴에 붙이고 다녀야 합니다. 유태인은 자전거를 전부 공출해야만 합니다. 유태인은 자동차나 전차도 탈 수 없습니다. 유태인은 오후 3시부터 4시 사이에만 물건을 살 수 있습니다. 그것도 유태인의 가게에 한해서입니다. 유태인은 저녁 8시 이후에 집밖에 나갈 수 없습니다……」

이 글을 읽은 유태의 소년소녀들의 가슴속에 분노가 치밀어오를 것은 당연하다. 더욱이 6백만의 유태인이 나치에 의하여 학살당하였으니 그 수로 보아 유태인 누구에게나 가까운 친척 중에 한 두 사람은 그 대상이 되었을 것이다.

만일 우리 민족 중에서 그만한 수가 희생이 되었다면 어느 가정에서나 초상을 당하지 않은 집이 없을 정도가 될 것이다.

이 민족의 고난과 비극을 유태의 가정에서는 기회가 있을 때마다 그들 자녀에게 들려준다.

철이 들자 민족이 걸어온 역사를 처음 듣는 어린이들에게 그 고난과 비극은 충격적일 수밖에 없다.

평생 동안 잊을 수 없는 생생한 기억으로 남게 된다. 심리학에서 말하는 이른바 결정적 경험은 인상적이기 때문에 잊으려야 잊을 수도 없거니와 그것은 인간의 감정을 뒤흔들어 놓기도 한다.

가슴이 뭉클하거나 콧잔등이 찌릿한 감정의 동요, 그 감정은 민족적 일체감을 더욱 굳게 하는 작용을 하게 되리라.

우리의 경우는 어떠한가?

우리의 민족사도 수난으로 점철되어 있는 것을 부인할 수 없다. 너무 멀리 올라갈 필요 없이 임진란의 국난, 계속해서 겪어야 했던 병자호란의 국치, 좀 더 가까이는 일제 36년간의 압제…… 그것만이 아니다. 일본 관동대지진 때 30만이 넘는 한국 사람이 무참히도 죽창에 찔리고 일본도에 자상되어 학살당하지 않았던가?

그것도 뚜렷한 이유 없이 한국 사람이 우물에 독약을 타고 일본 사람을 학살하려고 한다는 소문을 믿고 박해를 가했으니 어처구니없는 일이다.

심지어 일본의 그리스도 교도로서 평화주의자의 대표 격인 우찌무라도 목검을 들고 집 앞을 서성거리고 있었다는 기록이 있으니 이해하기 어려운 일이다.

또 1930년대에 수많은 만주 동포가 중국 사람에게 매 맞아 죽은 이른바 만보산사건을 기억하고 있는 사람이 얼마나 많을까?

하여간 이와 같은 민족의 고난을 우리는 자라나는 다음 세대에게 전해주어야만 할 것이다.

민족이 받아온 박해와 고난을 잊지 말도록. 아마도 거기에서 민족의 일체감이 싹트고 민족적 응결력이 일어날 것이다. 유태인은 이 민족정신의 교육을 학교에 맡기지 않고 가정에서 자청하여 담당한다. 특히 이 일을 위하여 아버지가 결정적인 역할을 한다.

「유태인이 받은 박해를 결코 잊지 말라」 아버지의 엄숙한 교훈은 젊은이의 온몸을 전율시킨다.

그러나 유태의 교육에서는 개인적인 복수를 허용하지 않는다. 아마 이 점이 특이한 점일 것이다.

그들은 '잊지 말라.'는 말 뒤에 반드시 그러나 '용서하라'는 말을 잊지 않는다.

이것은 그들의 종교적 신앙에서 나온 것이다.

복수와 저주, 그것은 오직 여호와의 것이며 여호와만이 심판하고, 벌주고, 저주하는 권한을 가진다고 생각한다.

"내 원수를 갚아 달라."

라고 하는 우리의 생각과는 상당한 거리가 있는 것 같다.

오래 전 TV 연속극에 '여로'라는 것이 있었다. 대단히 인기가 있는 연속극이어서 어른이나 어린이 할 것 없이 화제에 곧잘 올리는 스토리였다.

이 연속극의 연약한 여주인공이 '달중'이라는 자의 박해를 받는 장면이 방영되자 방송국에서는 "달중이를 처단하라."는 전화가 빗발치게 걸려왔다는 말을 들었다.

개인의 분노를 복수와 저주와 직결시킨다.

이에 반해 유태인들은 민족적 분노를 노출시키는 통로를 열어주되 저주나 복수로써가 아니라 민족의 일체감이라는 숭고한 정신으로 승화시키는데 주력하는 것으로 보인다.

또 개인의 울분을 새로운 결의와 분발을 위한 태도로 승화시킨다.

유태의 아버지는 어떤 일로 격분해 있는 아들에게 차분한 음성으로 이렇게 말한다.

"네가 좀 더 공부하고 훌륭해지면 그런 수치는 당하지 않을 것이다." 라고

유태의 전통을 빛낸 사람들

유태인의 가족이 한자리에 모여앉아 단란한 시간을 가질 때에는 의례 유태민족의 우수성을 빛낸 사람의 이름이 등장한다고 한다.

실상 유태인 중에는 정치, 경제, 학술, 과학, 예술 등 각 분야에 걸친 세계적으로 유명한 사람이 너무나 많다.

금세기 최고의 과학자라고 할 수 있는 아인슈타인, 정신분

석의 창시자이고 『꿈의 해석』으로 유명한 프로이트, 공산주의 이론의 칼 마르크스, 트로츠키, 『의사 지바고』로 노벨상을 받은 보리스 파스테르나크, 시인 하이네, 극작가 아서 밀러, 작가 카프카와 토마스 만, 음악가인 멘델스존, 레오나드 번스타인, 루빈슈타인, 경제계의 폴 샤무엘슨, 최근의 핸리 키신저 등 쟁쟁한 이름들을 나열 할 수 있다.

이것은 순전히 추측에 불과한 것이지만 키신저가 동서 데탕트 외교의 기수로써 세계적인 각광을 받았을 때 그리고 그가 유태인으로서는 처음으로 미국의 높은 관직에 올랐을 때 아마도 미국의 유태인 가정에서는 얼마동안 그에 관한 이야기를 자랑스럽게 했을 것이다.

유태의 부모들은 키신저가 유태계의 미국인이라는 것을 그들 자녀에게 말해 주었을 것이다.

물론 그의 어린 시절이며 그가 오늘이 있기까지의 어려운 과정을 마치 가까운 친척이나 되는 듯이 이야기를 했을 것이다. 헨리 키신저는 소년시절을 독일에서 보냈는데, 그의 아버지는 여학교 선생이었으나 유태인이라는 이유 때문에 교직을 박탈당하고 키신저 일가는 그가 14세 때에 미국으로 이주하게 된다.

자유의 땅 미국에서 마음껏 재능을 발휘하여 그의 탁월한 외교수완을 인정받게 되었다. 이 이야기를 듣는 유태의 어린이와 청소년들은 자못 흥분하지 않을 수 없을 것이다.

동경과 선망의 대상이 될 것이다.

교육심리학의 관점에서 어린이들이 위대한 인물을 동경하고 선망하는 것은 대단히 필요한 일이다.

어린이나 청소년들이 어떤 인물을 동경의 대상으로 삼는 것을 심리학적 용어로 '동일시 작용'이라고 하는데, 이 동일시 작용은 어린이의 사회화 과정(사회의 규범을 몸에 익히는 과정)에서 중요한 작용을 한다.

동일시 작용에 의하여 그가 좋아하고 존경하고 숭배하는 인물을 닮으려는 노력을 한다.

밖으로 나타난 말씨가 걸음걸이에서부터 존경하는 대상의 인물의 태도나 가치관을 자기의 것으로 받아들이고 그것을 내면화한다. 동일시작용의 대상인물을 모델이라고 하는데, 이 경우의 모델이라는 말의 뜻은 흔히 쓰는 패션모델이나 미술가의 나체모델과는 다르다.

어린이가 어떤 인물을 모델로 삼느냐 하는 것은 교육적으로 대단히 중요하다. 그 모델에서 보고 느낄 수 있는 태도와 가치관을 어필할 수 있는 적절한 모델의 제시가 없으면 어린이나 청소년들은 제멋대로의 모델을 정한다. 흔히는 TV에 자주 접하는 인기인이 모델이 되는 경우가 많은 것은 그런 까닭이다.

그러므로 한창 감수성이 강한 시기에 반드시 여러 가지 위인전을 읽혀야 한다는 것도 다 의미가 있는 것이다.

이런 점에서 볼 때 유태의 가정교육은 훨씬 앞서 있다고 할 것이다. 그들은 다른 어떤 인물보다도 유태의 전통을 빛낸 인물을 모델로 제시한다.

그리고 그 인물을 본받도록 하는 것이다. 한국의 청소년이 나폴레옹 전기를 읽고 있을 때 유태의 어린이들은 다윗왕의 전설적인 용맹성에 매혹되어 있으며, 우리의 어린이들이 퀴리부인 전을 읽을 때 그들은 다른 민족 아닌 유태의 아인슈타인의 전기를 읽는다. 우리나라 기독교 가정에서도 성경에 나오는 인물을 모델로 제시하는 경우가 많다.

신앙인으로서의 아브라함, 지혜로운 솔로몬, 정의의 사람 예레미아, 용맹스런 다윗, 현명한 지도자 사무엘, 최초의 순교자 스테반 등 많은 이름이 등장한다.

그러나 우리나라 어린이들에게는 동일시 작용을 일으키기에 거리가 먼 인물들이다.

오히려 스테반의 순교보다도 주기철 목사의 순교가, 사무엘보다도 도산 선생의 우국충정이 우리의 청소년들에게는 더욱 실감 있게 느껴질 것이다.

그렇지만 그 이름들이 유태의 어린이들에게는 시간적인 거리에 상관없이 좀 더 실감 있게 느껴지고 또 받아들여질 수 있는 것은 그들이 모두 유태의 전통을 빛내고 계승한 인물이기 때문이다.

유태의 어린이는 어린 시절부터 민족의 위대한 인물에 접촉할 수 있는 기회를 가짐으로써 민족에 대한 긍지를 느끼게 된다. 민족의 일원임을 부끄럽게 생각하기보다도 오히려 자랑스럽게 여기는 긍정적인 태도가 싹트기 시작한다.

「세상이 무어라 하더라도, 세상에서 유태인을 아무리 천대하고 멸시하더라도 나는 유태의 정신적 전통을 이어가게 된 것을 자랑스럽게 생각한다」나치 독일의 강제수용소의 내일을 알 수 없는 상황에서도 자신 있게 외친 이 절규는 결코 우연한 것이 아니다.

유태계 위인의 화제가 오를 때마다,

"얘야, 그 사람은 유태인이란다."

라고 하는 어머니의 교훈이 어린 마음에 민족적 긍지와 자신감을 심어주는 것이다.

우리에게는 어린이에게 줄 수 있는 '훌륭한 한국인'의 모델이 너무나 없는 것 같다.

우리보다 비교가 안 될 정도의 짧은 역사밖에 없는 미국에서도 '훌륭한 미국인'으로 내세우는 인물이 많다.

조지 워싱턴, 토마스 제퍼슨, 링컨 대통령 등 역대의 위대한 대통령은 물론 벤자민 프랭클린, 카네기, 훠스터, 케네디,

부키티 워싱턴, 마틴 루터 킹 등 미국의 전통과 문화를 빛낸 인물의 전기는 널리 읽혀지고 있다. 이들 인물에 접하게 되는 미국의 어린이와 청소년들은 자연 미국인으로서의 긍지를 지니게 되고 그와 같은 긍지는 민족과 국가를 사랑하는 애국심으로 발전하게 된다.

우리 역사에도 인물이 없는 것은 아니다. 우리가 발굴하기에 따라서는 국난을 당했을 때 나라를 지킨 무장은 물론 학술, 예술, 체육, 정치 등 각 분야에 걸쳐 오늘의 어린이에게 자신 있게 내세울 수 있는 인물을 찾기는 어렵지 않을 것이다. 다만 그와 같은 위인을 우리의 역사에서 찾거나 또는 그들을 자신 있게 내세우기 위한 의도적인 노력이 부족하다는 것 뿐이다.

좀 산만하게 된 이야기를 가정교육 문제로 집중시켜보자. 민족정신과 한국인으로서의 긍지는 어린 시절 가정에서부터 심어져야 한다는 것을 감안하면 우리나라 가정에서 해야 할 일이 많은 것 같다.

먼저 '훌륭한 한국인'의 모델을 정하는 일이 앞서야 할 것이다. 그것은 군인일 수도, 과학자 일수도 있고 독립운동가일 수도 있다.

어떤 분야의 인물이건 그 인물의 선정을 위해서는 부모의 가치관과 자녀에 대한 '어떤 기대'가 자연 작용하게 된다.

그리고 모델로 선정된 인물에 관하여 기회 있을 때마다 이야기 해 주자.

위인들의 어린 시절에 관한 이야기, 어떤 난관을 의지로써 극복하는 성공담, 한 가지 일의 성취를 위하여 골몰하는 끈질긴 집념 등은 모두 좋은 화제 거리가 된다.

요컨대 어린이들이 제멋대로 동일시의 모델을 정하도록 내버려두는 것은 금물이다.

판권본사소유

탈무드 도전

2020년 04월 20일 인쇄
2020년 04월 30일 발행

지은이 | 마 빈 토 케 이 어
펴낸이 | 최　원　준

펴낸곳 | 태 을 출 판 사
서울특별시 중구 다산로38길 59(동아빌딩내)
등　록 | 1973. 1. 10(제1-10호)

©2009. TAE-EUL publishing Co.,printed in Korea
※잘못된 책은 구입하신 곳에서 교환해 드립니다.

■ **주문 및 연락처**
우편번호 04584
서울특별시 중구 다산로38길 59 (동아빌딩내)
전화 : (02)2237-5577 팩스 : (02)2233-6166

ISBN 978-89-493-0606-3　　　　03000